北京大学中国语言学研究中心

早期北京话珍稀文献集成
——西人北京话教科书汇编

主编 刘云

分卷主编 翟赟 郭利霞 陈颖

国家出版基金项目

北京官话初阶

[法] 微席叶 编著

北京大学出版社

图书在版编目(CIP)数据

北京官话初阶：影印本 /（法）微席叶编著. —北京：北京大学出版社，2017.12
（早期北京话珍本典籍校释与研究）
ISBN 978-7-301-28985-3

Ⅰ.①北⋯　Ⅱ.①微⋯　Ⅲ.①北京话—研究　Ⅳ.①H172.1

中国版本图书馆CIP数据核字（2017）第304544号

书　　名	北京官话初阶（影印本）
	BEIJING GUANHUA CHUJIE（YINGYIN BEN）
著作责任者	［法］微席叶　编著
责任编辑	何杰杰　邓晓霞
标准书号	ISBN 978-7-301-28985-3
出版发行	北京大学出版社
地　　址	北京市海淀区成府路205号　100871
网　　址	http://www.pup.cn　新浪微博：@北京大学出版社
电子信箱	zpup@pup.cn
电　　话	邮购部 62752015　发行部 62750672　编辑部 62752028
印刷者	北京虎彩文化传播有限公司
经销者	新华书店
	720毫米×1020毫米　16开本　14.5印张　90.4千字
	2017年12月第1版　2018年10月第2次印刷
定　　价	52.00元

未经许可，不得以任何方式复制或抄袭本书之部分或全部内容。
版权所有，侵权必究
举报电话：010-62752024　电子信箱：fd@pup.pku.edu.cn
图书如有印装质量问题，请与出版部联系，电话：010-62756370

总 序

语言是文化的重要组成部分,也是文化的载体。语言中有历史。

多元一体的中华文化,体现在我国丰富的民族文化和地域文化及其语言和方言之中。

北京是辽金元明清五代国都(辽时为陪都),千余年来,逐渐成为中华民族所公认的政治中心。北方多个少数民族文化与汉文化在这里碰撞、融合,产生出以汉文化为主体的、带有民族文化风味的特色文化。

现今的北京话是我国汉语方言和地域文化中极具特色的一支,它与辽金元明四代的北京话是否有直接继承关系还不是十分清楚。但可以肯定的是,它与清代以来旗人语言文化与汉人语言文化的彼此交融有直接关系。再往前追溯,旗人与汉人语言文化的接触与交融在入关前已经十分深刻。本丛书收集整理的这些语料直接反映了清代以来北京话、京味文化的发展变化。

早期北京话有独特的历史传承和文化底蕴,于中华文化、历史有特别的意义。

一者,这一时期的北京历经满汉双语共存、双语互协而新生出的汉语方言——北京话,她最终成为我国民族共同语(普通话)的基础方言。这一过程是中华多元一体文化自然形成的诸过程之一,对于了解形成中华文化多元一体关系的具体进程有重要的价值。

二者,清代以来,北京曾历经数次重要的社会变动:清王朝的逐渐孱弱、八国联军的入侵、帝制覆灭和民国建立及其伴随的满汉关系变化、各路军阀的来来往往、日本侵略者的占领,等等。在这些不同的社会环境下,北京人的构成有无重要变化?北京话和京味文化是否有变化?进一步地,地域方言和文化与自身的传承性或发展性有着什么样的关系?与社会变迁有着什么样的关系?清代以至民国时期早期北京话的语料为研究语言文化自身传承性与社会的关系提供了很好的素材。

　　了解历史才能更好地把握未来。新中国成立后，北京不仅是全国的政治中心，而且是全国的文化和科研中心，新的北京话和京味文化或正在形成。什么是老北京京味文化的精华？如何传承这些精华？为把握新的地域文化形成的规律，为传承地域文化的精华，必须对过去的地域文化的特色及其形成过程进行细致的研究和理性的分析。而近几十年来，各种新的传媒形式不断涌现，外来西方文化和国内其他地域文化的冲击越来越强烈，北京地区人口流动日趋频繁，老北京人逐渐分散，老北京话已几近消失。清代以来各个重要历史时期早期北京话语料的保护整理和研究迫在眉睫。

　　"早期北京话珍本典籍校释与研究（暨早期北京话文献数字化工程）"是北京大学中国语言学研究中心研究成果，由"早期北京话珍稀文献集成""早期北京话数据库"和"早期北京话研究书系"三部分组成。"集成"收录从清中叶到民国末年反映早期北京话面貌的珍稀文献并对内容加以整理，"数据库"为研究者分析语料提供便利，"研究书系"是在上述文献和数据库基础上对早期北京话的集中研究，反映了当前相关研究的最新进展。

　　本丛书可以为语言学、历史学、社会学、民俗学、文化学等多方面的研究提供素材。

　　愿本丛书的出版为中华优秀文化的传承做出贡献！

王洪君、郭锐、刘云
2016年10月

"早期北京话珍稀文献集成"序

清民两代是北京话走向成熟的关键阶段。从汉语史的角度看,这是一个承前启后的重要时期,而成熟后的北京话又开始为当代汉民族共同语——普通话源源不断地提供着养分。蒋绍愚先生对此有着深刻的认识:"特别是清初到19世纪末这一段的汉语,虽然按分期来说是属于现代汉语而不属于近代汉语,但这一段的语言(语法,尤其是词汇)和'五四'以后的语言(通常所说的'现代汉语'就是指'五四'以后的语言)还有若干不同,研究这一段语言对于研究近代汉语是如何发展到'五四'以后的语言是很有价值的。"(《近代汉语研究概要》,北京大学出版社,2005年)然而国内的早期北京话研究并不尽如人意,在重视程度和材料发掘力度上都要落后于日本同行。自1876年至1945年间,日本汉语教学的目的语转向当时的北京话,因此留下了大批的北京话教材,这为其早期北京话研究提供了材料支撑。作为日本北京话研究的奠基者,太田辰夫先生非常重视新语料的发掘,很早就利用了《小额》《北京》等京味儿小说材料。这种治学理念得到了很好的传承,之后,日本陆续影印出版了《中国语学资料丛刊》《中国语教本类集成》《清民语料》等资料汇编,给研究带来了便利。

新材料的发掘是学术研究的源头活水。陈寅恪《〈敦煌劫余录〉序》有云:"一时代之学术,必有其新材料与新问题。取用此材料,以研求问题,则为此时代学术之新潮流。"我们的研究要想取得突破,必须打破材料桎梏。在具体思路上,一方面要拓展视野,关注"异族之故书",深度利用好朝鲜、日本、泰西诸国作者所主导编纂的早期北京话教本;另一方面,更要利用本土优势,在"吾国之旧籍"中深入挖掘,官话正音教本、满汉合璧教本、京味儿小说、曲艺剧本等新类型语料大有文章可做。在明确了思路之后,我们从2004年开始了前期的准备工作,在北京大学中国语言学研究中心的大力支持下,早期北京话的挖掘整理工作于2007年正式启动。本次推出的"早期北京话珍稀文献集成"是阶段性成果之一,总体设计上"取异族之故书与吾国之旧籍互相补正",共分"日本北京话教科书汇编""朝鲜日据时期汉语会话书汇编""西人北京话教科书汇编""清代满汉合璧文献萃编""清代官话正音文献""十全福""清末民初京味儿小说书系""清末民初京味儿时评书系"八个系列,胪列如下:

"日本北京话教科书汇编"于日本早期北京话会话书、综合教科书、改编读物和风俗纪闻读物中精选出《燕京妇语》《四声联珠》《华语跬步》《官话指南》《改订官话指南》《亚细亚言语集》《京华事略》《北京纪闻》《北京风土编》《北京风俗问答》《北京事情》《伊苏普喻言》《搜奇新编》《今古奇观》等二十余部作品。这些教材是日本早期北京话教学活动的缩影,也是研究早期北京方言、民俗、史地问题的宝贵资料。本系列的编纂得到了日本学界的大力帮助。冰野善宽、内田庆市、太田斋、鳟泽彰夫诸先生在书影拍摄方面给予了诸多帮助。书中日语例言、日语小引的翻译得到了竹越孝先生的悉心指导,在此深表谢忱。

"朝鲜日据时期汉语会话书汇编"由韩国著名汉学家朴在渊教授和金雅瑛博士校注,收入《改正增补汉语独学》《修正独习汉语指南》《高等官话华语精选》《官话华语教范》《速修汉语自通》《速修汉语大成》《无先生速修中国语自通》《官话标准:短期速修中国语自通》《中语大全》《"内鲜满"最速成中国语自通》等十余部日据时期(1910年至1945年)朝鲜教材。这批教材既是对《老乞大》《朴通事》的传承,又深受日本早期北京话教学活动的影响。在中韩语言史、文化史研究中,日据时期是近现代过渡的重要时期,这些资料具有多方面的研究价值。

"西人北京话教科书汇编"收录了《语言自迩集》《官话类编》等十余部西人主编教材。这些西方作者多受过语言学训练,他们用印欧语的眼光考量汉语,解释汉语语法现象,设计记音符号系统,对早期北京话语音、词汇、语法面貌的描写要比本土文献更为精准。感谢郭锐老师提供了《官话类编》《北京话语音读本》和《汉语口语初级读本》的底本,《寻津录》、《语言自迩集》(第一版、第二版)、《汉英北京官话词汇》、《华语入门》等底本由北京大学图书馆特藏部提供,谨致谢忱。《华英文义津逮》《言语声片》为笔者从海外购回,其中最为珍贵的是老舍先生在伦敦东方学院执教期间,与英国学者共同编写的教材——《言语声片》。教材共分两卷:第一卷为英文卷,用英语讲授汉语,用音标标注课文的读音;第二卷为汉字卷。《言语声片》采用先用英语导入,再学习汉字的教学方法讲授汉语口语,是世界上第一部有声汉语教材。书中汉字均由老舍先生亲笔书写,全书由老舍先生录音,共十六张唱片,京韵十足,殊为珍贵。

上述三类"异族之故书"经江蓝生、张卫东、汪维辉、张美兰、李无未、王顺洪、张西平、鲁健骥、王澧华诸先生介绍,已经进入学界视野,对北京话研究和对外汉语教学史研究产生了很大的推动作用。我们希望将更多的域外经典北京话教本引入进来,考虑到日本卷和朝鲜卷中很多抄本字迹潦草,难以辨认,而刻本、印本中也存在着大量的异体字和俗字,重排点校注释的出版形式更利于研究者利用,这也是前文"深度利用"的含义所在。

对"吾国之旧籍"挖掘整理的成果,则体现在下面五个系列中:

"清代满汉合璧文献萃编"收入《清文启蒙》《清话问答四十条》《清文指要》《续编兼汉清文指要》《庸言知旨》《满汉成语对待》《清文接字》《重刻清文虚字指南编》等十余部经典满汉合璧文献。入关以后,在汉语这一强势语言的影响下,熟习满语的满人越来越少,故雍正以降,出现了一批用当时的北京话注释翻译的满语会话书和语法书。这批教科书的目的本是教授旗人学习满语,却无意中成为了早期北京话的珍贵记录。"清代满汉合璧文献萃编"首次对这批文献进行了大规模整理,不仅对北京话溯源和满汉语言接触研究具有重要意义,也将为满语研究和满语教学创造极大便利。由于底本多为善本古籍,研究者不易见到,在北京大学图书馆古籍部和日本神户外国语大学竹越孝教授的大力协助下,"萃编"将以重排点校加影印的形式出版。

"清代官话正音文献"收入《正音撮要》(高静亭著)和《正音咀华》(莎彝尊著)两种代表著作。雍正六年(1728),雍正谕令福建、广东两省推行官话,福建为此还专门设立了正音书馆。这一"正音"运动的直接影响就是以《正音撮要》和《正音咀华》为代表的一批官话正音教材的问世。这些书的作者或为旗人,或寓居京城多年,书中保留着大量北京话词汇和口语材料,具有极高的研究价值。沈国威先生和侯兴泉先生对底本搜集助力良多，特此致谢。

《十全福》是北京大学图书馆藏《程砚秋玉霜簃戏曲珍本》之一种，为同治元年陈金雀抄本。陈晓博士发现该传奇虽为昆腔戏，念白却多为京话，较为罕见。

以上三个系列均为古籍，且不乏善本，研究者不容易接触到，因此我们提供了影印全文。

总体来说，由于言文不一，清代的本土北京话语料数量较少。而到了清末民初，风气渐开，情况有了很大变化。彭翼仲、文实权、蔡友梅等一批北京爱国知识分子通过开办白话报来"开启民智""改良社会"。著名爱国报人彭翼仲在《京话日报》的发刊词中这样写道："本报为输进文明、改良风俗，以开通社会多数人之智识为宗旨。故通幅概用京话，以浅显之笔，达朴实之理，纪紧要之事，务令雅俗共赏，妇稚咸宜。"在当时北京白话报刊的诸多栏目中，最受市民欢迎的当属京味儿小说连载和《益世余谭》之类的评论栏目，语言极为地道。

"清末民初京味儿小说书系"首次对以蔡友梅、冷佛、徐剑胆、儒丐、勋锐为代表的晚清民国京味儿作家群及作品进行系统挖掘和整理，从千余部京味儿小说中萃取代表作家的代表作品，并加以点校注释。该作家群活跃于清末民初，以报纸为阵地，以小说为工具，开展了一场轰轰烈烈的底层启蒙运动，为新文化运动的兴起打下了一定的群众基础，他们的作品对老舍等京味儿小说大家的创作产生了积极影响。本系列的问世亦将为文学史和思想史研究提供议题。于润琦、方梅、陈清茹、雷晓彤诸先生为本系列提供了部分底本或馆藏线索，首都图书馆历史文献阅览室、天津图书馆、国家图书馆提供了极大便利，谨致谢意！

"清末民初京味儿时评书系"则收入《益世余谭》和《益世余墨》，均系著名京味儿小说家蔡友梅在民初报章上发表的专栏时评，由日本岐阜圣德学园大学刘一之教授、矢野贺子教授校注。

这一时期存世的报载北京话语料口语化程度高，且总量庞大，但发掘和整理却殊为不易，称得上"珍稀"二字。一方面，由于报载小说等栏目的流行，外地作者也加入了京味儿小说创作行列，五花八门的笔名背后还需考证作者是否为京籍，以蔡友梅为例，其真名为蔡松龄，查明的笔名还有损、损公、退化、亦我、梅蒐、老梅、今睿等。另一方面，这些作者的作品多为急就章，文字错讹很多，并且鲜有单行本存世，老报纸残损老化的情况日益严重，整理的难度可想而知。

上述八个系列在某种程度上填补了相关领域的空白。由于各个系列在内容、体例、出版年代和出版形式上都存在较大的差异，我们在整理时借鉴《朝鲜时代汉语教科书丛刊续编》《〈清文指要〉汇校与语言研究》等语言类古籍的整理体例，结合各个系列自身特点和读者需求，灵活制定体例。"清末民初京味儿小说书系"和"清末民初京味儿时评书系"年代较近，读者群体更为广泛，经过多方调研和反复讨论，我们决定在整理时使用简体横排的形式，尽可能同时满足专业研究者和普通读者的需求。"清代满汉合璧文献萃编""清代官话正音文献"等系列整理时则采用繁体。"早期北京话珍稀文献集成"总计六十余册，总字数近千万字，称得上是工程浩大，由于我们能力有限，体例和校注中难免会有疏漏，加之受客观条件所限，一些拟定的重要书目本次无法收入，还望读者多多谅解。

"早期北京话珍稀文献集成"可以说是中日韩三国学者通力合作的结晶，得到了方方面面的帮助，我们还要感谢陆俭明、马真、蒋绍愚、江蓝生、崔希亮、方梅、张美兰、陈前瑞、赵日新、陈跃红、徐大军、张世方、李明、邓如冰、王强、陈保新诸先生的大力支持，感谢北京大学图书馆的协助以及萧群书记的热心协调。"集成"的编纂队伍以青年学者为主，经验不足，两位丛书总主编倾注了大量心血。王洪君老师不仅在经费和资料上提供保障，还积极扶掖新进，"我们搭台，你们年轻人唱戏"的话语令人倍感温暖和鼓舞。郭锐老师在经费和人员上也予以了大力支持，不仅对体例制定、底本选定等具体工作进行了细致指导，还无私地将自己发现的新材料和新课题与大家分享，令人钦佩。"集成"能够顺利出版还要特别感谢国家出版基金规划管理办公室的支持以及北京大学出版社王明舟社长、张凤珠副总编的精心策划，感谢汉语编辑室杜若明、邓晓霞、张弘泓、宋立文等老师所付出的辛劳。需要感谢的师友还有很多，在此一并致以诚挚的谢意。

"上穷碧落下黄泉，动手动脚找东西"，我们不奢望引领"时代学术之新潮流"，惟愿能给研究者带来一些便利，免去一些奔波之苦，这也是我们向所有关心帮助过"早期北京话珍稀文献集成"的人士致以的最诚挚的谢意。

刘　云

2015年6月23日

于对外经贸大学求索楼

2016年4月19日

改定于润泽公馆

导　读

姚小平

一、作者生平及著述

微席叶（Arnold Jacques Antoine Vissière, 1858—1930），法国汉学家，毕业于巴黎现代东方语言学校中文专业；十九世纪最后二十年在华，担任法国驻华公使馆翻译；1899年回到法国，被母校聘为汉语教授。他的研究兴趣很广，著述也很杂，涉及宗教、政治、法律、外交、商务、考古、数学等诸多领域。登陆法国国家数字图书馆，在总书目里可搜得微席叶的论文和专著计五十余条，其中只有很少一部分涉及汉语。除了这本《北京官话初阶》，还有：

1.《汉语法式注音法》，法兰西亚洲委员会1902年发表。这本册子所载的法式注音方案，为法国外交部采纳。之前的两三百年里，法国汉学界各家的转写法多有不同，这项方案意在统一注音。而由微席叶担纲并署名，可见当年他在法国学界地位颇高。也因此，本书所呈现的汉语拼写在法国汉学界算得上一项"标准"。

在关于注音的一节里（pp.4-6），微席叶提醒学生要参考新版《汉语法式注音法》，该文刊于《法华友好协会公报》1915年1月号。

2.《基础汉语：发音、书写、语法、句法》，巴黎国家出版社1903年印行。此书系著者为自己所任教的专业编写的初级教材。

3.《论北京话里上声的消失》，刊于《通报》1904年第5卷。此文针对吴启太与郑永邦所编《官话指南》(1881)、威妥玛所著《语言自迩集》(1886)中的有关论述，利用作者从母语者口中亲自集取的例证，探讨了两三个上声字连读时发生的变调。

4.《汉字的一种特殊写法：倒字》，刊于《亚细亚杂志》1904年第3卷。倒字，是一种罕见的文字现象，如把"了"字颠倒过来，写成"⌐"，像物悬垂貌，音"鸟"(diǎo)，《康熙字典》《增补会海字汇》等字书有释。

5.《现代东方语言学校中文专业学生用书汇编》，副标题写明"包括口语课文、新闻报道、行政管理、商务活动、书信函件、公文尺牍、法律条文等"，巴黎国家出版社，1902—1906年。微席叶编写《北京官话初阶》，想必就是从这批汉语资料中遴选篇章和语句。

微席叶对汉语的贡献主要在于教学，从事专门研究并不多。像《北京官话初阶》这样一部课本，语音、词汇、语法、文字哪一项都没有漏过，需要对汉语本体有全面的认识和综合的把握，才能提炼出可吸收的知识，分章分节向学生讲授，这绝不是一件容易的事情。从书中的分析、阐述、举例来看，微席叶对北京话的方方面面已经相当了解，应该是得益于在京数年的生活经历。在与他频繁交往的京城人士当中，有一位对这部课本的编成帮助尤大，即他的中文老师刘符诚。在首版的序言里，微席叶提到了刘符诚，感谢他致力于订正练习和例证。

对微席叶其人其学，国内了解尚不多，笔者能查到的研究文献只有温利燕(2010)一篇硕士论文。

二、书题、版本、框架等

本书用法文撰成，是一部旨在教来华法国人学习北京话的课本。北京话，当然不是指北京的地方话，而是指北京官话(le Mandarin de Pékin)，宽泛言之就是北方官话（le Mandarin du Nord）；与之相对立的是以南京话为基础的南方官话，在著者使华的年代应该已经式微。书名可直译为"汉语初级教程：北京官话"，副标题则是"附有一系列话题和文本，以及关于书面语的概括说明"。原书首版于1909年，1914年增订再版。读者在此所见的是1928年修订第三版，正文计192页，其中起首的6页为绪论，概述语法和注音，收尾的5页含三个附录，分别讲解中文的字体、中国的书籍、中式数字表示法。正文之前，印有第一版序言，与第三版补加的一句合为一页。补加的这一句特意说明：课文及例证有所调整，以便与中华民国的实际情况保持一致。比如成立于1913年的"中法实业银行"，就是新版补上的例条（pp.165）。

序言声明，此书是巴黎现代东方语言学校中文专业第一学年的课本，旨在通过句法与词汇的结合，尽快教会学生说北京话。全书共29课，前27课，每一课讲解几条语法规则或用法，配以生词、例句以及关联词汇，凡此都有注音和法译，并择难点加以说明。每一课又含话题（thème）、文本（version）各一：话题是法文的，要求学生译成汉语；文本则是汉语的，头两课只用注音，从第三课起就开始写汉字，要求学生识读并译成法文。其实并无严格意义的课文，话题和文本就是课文，同时兼充练习；话题和文本之间，并不构成段与段、句与句的对应，但都与本课所讲的内容有关。无论法译汉，还是汉译法，对初学者而言都有一定的难度，因为书上不提供现成答案。最后两课简述了书面语，即文言，其文体有何特征，词类、构词、句法等与官话有何不同。整个课程虽然重在培养说中国话的能力，但也冀望能及早把学生领入中文读写之门。

三、注音

原书绪论有一节（pp.4-6），专门讲解法文转写的规则以及一些字母的读法，所论对于今天的中国读者已无大用处。这里我们把微席叶的拼写法与普通话的拼音体系做了比较，归整为韵母、声母两个对照表，所配的例字在本书中都能见到。新旧京音的差异，从表上一望可知，兹不赘叙。

韵母对照表

普通话韵母	法文拼法	例字	
a	a	阿 ā	马 mà
ai	ai	来 lâi	白 pâi
an	an	山 chān	万 wán
	en	沿 yên	砚 yén
ang	ang	王 wâng	羊 yâng
ao	ao	猫 māo	到 táo
o	o	墨 mó/mouó	
ong	ong	龙 lông	总 tsòng
ou	eou	斗 teòu	有 yeòu
e	e	也 yè	叶 yé
	o	个 kó	河 hô
ei	ei	没 mêi	为 wéi
en	en	根 kēn	门 mên
eng	eng	灯 tēng	省 chèng
	ong	风 fōng	疯 fōng
er	eul	儿 eûl	二 eúl
i	i	你 nì	几 kì
	e	实 chê	日 jé
	eu	子 tseù	磁 ts'eû

续表

普通话韵母	法文拼法	例 字	
ia	ia	下 hiá	家 kiā
	ea	俩 leà	
ian	ien	天 t'iēn	千 ts'iēn
iang	eang	凉 leâng	两 leàng
	iang	江 kiāng	香 hiāng
iao	eao	了 leào	
	iao	鸟 niào	桥 k'iâo
ie	ie	别 piê	些 siê
	iai	街 kiai	解 kiài
in	in	因 yīn	寅 yín
ing	ing	零 lîng	明 mîng
iong	iong	兄 hiōng	冂 kiòng
iu	ieou	六 lieóu	九 kieòu
u	ou	不 poú	五 woù
ua	oua	华 houâ	瓜 kouā
uai	ouai	怀 houâi	快 k'ouái
uan	ouan	官 kouān	舛 tch'ouàn
uang	ouang	黄 houâng	光 kouāng
ui	ouei	回 houêi	水 choùei
un	ouen	论 loúen	寸 ts'oúen
uo	o	若 jó	咯 ló
	ouo	或 houó	果 kouò
ü	u	鱼 yû	玉 yú
	iu	女 niù	车 kiū
üan	uan	远 yuàn	院 yuán
	iuan	玄 hiuân	犬 k'iuàn
üe	ue	曰 yuē	月 yúe
	iue	穴 hiûe	角 jiuê
ün	iun	均 kiūn	迅 siún

声母对照表

普通话声母	法文拼法	例字	
b	p	八 pā	百 pài
p	p'	皮 p'î	片 p'ién
m	m	买 mài	么 mō
f	f	分 fén	父 foú
d	t	大 tá	的 tī
t	t'	他 t'ā	土 t'où
n	n	呢 nī	年 nién
l	l	鲤 lì	流 lieôu
g	k	给 kèi	贵 kouéi
k	k'	口 k'eòu	开 k'āi
h	h	海 hài	好 hào
j	k	九 kieòu	金 kīn
j	ts	酒 tsieòu	接 tsiē
q	k	骑 k'î	去 k'iú
q	ts	七 ts'ī	
x	h	虚 hiū	县 hién
x	s	西 sī	小 siào
z	ts	在 tsái	作 tsó
z	dz	字 dzéu/tséu	
c	ts'	错 ts'ó	草 ts'ào
s	s	塞 sāi	三 sān
s	ss	死 sseù	四 sséu
r	j	人 jên	如 joú
zh	tch	纸 tchè	这 tchó
ch	tch'	茶 tch'â	朝 tch'âo
sh	ch	实 chê	说 choūo
w（零声母）	w	完 wân	我 wò
y（零声母）	y	要 yáo	一 yí
ø（零声母）	ng	爱 ngái	安 ngān

四、各课内容大要和注解

下列各课的标题，系根据法文译出；"要点"是对每一课所述内容的归纳；凡是笔者个人的理解，作为按语置入方括号。"注解""注意"只针对一小部分意思不甚清楚的词语，或因为脱离语境而难以确知所指的表达。书中存录的北京官话，距今不过百年，大部分词语是今天的读者熟悉的，无需多加解说。

第1课：发音；习字；数字的表示法。
要点：（1）北京话的四声，分上平、下平、上声、去声，调符及例字依次为：¯（mī 咪）、^（mî 迷）、`（mì 米）、´（mí 密）。（2）轻声，"儿eûl"在"猫儿maō-eul"一词里用为后缀，非重读，故不标声调。

第2课：汉语的词；法语的冠词；量词。
要点：（1）汉语的单音词，写出来就是字，词形没有变化。（2）汉语没有冠词，例如"人"，可指人类、一个人、一些人、某些人、其他人、人性等。（3）字词的多义、兼类现象很普遍，译法须根据位置、用法、语境决定，如"回"，动词义为回归、回答，量词义为一次、一趟。

第3课：代词的复数；被省略的词；属格或所有格。
要点：（1）人称代词的复数形式由"们"构成，但注意："我们""你们"等有时有领属之义，等于"我们的""你们的"。［按:单数形式也一样，如"我家""你家"，即我的家、你的家。遇到这种情况，欧语须用物主代词，其词形与人称代词有别，所以编者特意做了交代。］（2）省略，如并列结构"人马""水火"，等于说人和/或马、水和/或火，如果译成法文，中间的连词不能省。［按:"水火"尚可如此理解，"人马"则属于举例不当。］

（3）含有属格关系的复合词，如"人头""羊肉"。（4）小词"的"，除了属格意义，还可表示性质、方式等。

注解："好得"，容易得到；"难受"，难以承受；"火油"，煤油；"你有、你给"，你有多少给多少，如果你有、你就给。

第4课：否定；过去时。

注解："你考了"，你参加了考试；"不长"，注音有两个，一指短小，一指不再生长；"等他来，有了"，如果他来，就会有的。可能会有疑问的几个句子："他没有死了""他没死了""你没给我了""他们没看过了"。〔按：如果把这里的"了"理解为过去时或动作完成的标记，这些句子似乎都无法成立。但著者以为"了"经常写为"咯""啰"（见pp.21脚注，另外pp.114也提到），等于说这几例"了"是表示肯定的语气词。〕

第5课：定语和直接宾语；后缀"儿"；疑问词。

要点：（1）"要"，助动词，表示将来。注意：句子"我要死"，有二解，"要"字重读表示我想死，否则意思就是我将死、快死了。（2）宾语提前，表示强调，如"他、不是"，断言并不是他。（3）后缀"儿"，前一字如果以-n收尾，则-n脱落；如果韵母为双元音、三合元音，则最后一个元音脱落。

注解："头儿"，脑袋，转指首领；"会儿"，相会，一会儿。

第6、7课：字的构造；部首和声符；214部首表。

第8课：声符；是与否；无人称动词。

要点：（1）担任声符的字，在八百以上；含同一声符的字，读音往往各异。（2）问答方式，经常听到的"喳"，表示"是！""明白！"，是仆人对主子、下级对上级答话时用的词。

第9课：表示疑问和指示意义的代词、形容词、副词。

注意："那、哪"都写为"那"，靠声调区分疑问义、指示义。四声还可以用半圈号表示，标于字的四角（见pp.49脚注）；右下角本是留给入声调的位置，由于北京话已无入声，于是也就空缺。

注解："多儿"="多少儿""多少"；"多时候儿"，什么时候、几时，可缩简为"多候儿"。

第10课：叠音；名词的复数；动词"是"。

注解：叠音词里，动词"磨磨mouô-mouo"指碾磨、研磨，后一字轻读；副词"磨磨mouô-mouô"，指次次、每一次，二字均重读。

第11课：带词尾的名词；助动词"把"；代词。

要点：(1)动词"把""给"，担任助动词时，分别相当于支配宾格、与格的介词。(2)代词"您"，尊称，也可以说"你纳"；"他纳"，他、她，也是尊称。

注解："胰子"，欧式肥皂；"向头"，方向；"起头"，开端，作名词解；"鲨鱼"，即鲨鱼。

第12课：同义并列；表示序数的形容词；命令式。

要点："罢"，动词尾，经常表示命令；"别""不要"，表示禁止。

第13课：反义并列；情状句；动词性介词。

要点：(1)情状句，指含有两个动词的单句或复句（pp.70），前一个动词或句子起限定作用，说明后一动词或句子发生的情状、条件、原因等。如"我买东西用钱"，意思是"我用钱为的是买东西"或者"我买东西的时候用钱"。[按：著者认为，这是汉语的语序决定的，一如形容词在名词前，副词在形容词前。](2)汉语的介词（前置词），如"在、到、沿、恐怕、给"（其中"恐怕"有疑），本质上是动词，故称动词性介词；列为词表的这一类词（pp.71-74），凡标有星号者均属书面语。

第14课：其余复合名词；后置词。

要点：后置词，如"里、中、内、间"，也是介词的一类。

注解："白果儿"，同义于"鸡子儿"；"花儿洞子"，花房、暖房；"火轮车"，火车；"地底铁路"，地铁；"成衣"，成衣匠、裁缝；"取灯"，火柴；"通事"，翻译。

第15课：迂回式名词；量度；程度与比较。

要点：迂回式名词，指动宾式复合词加"的"构成的一类名词（pp.83）。

注解："跟班（儿）的"，仆人、苦力；"该班儿的"，执勤的、上班的；"看门的儿子"，指门房的儿子。

第16课：多音节名词；最高级；带宾语的动词。

要点：(1)带宾语的动词（pp.92-93），在著者看来相当于法语的中性动词或反身动词。动词和宾语之间可以夹入修饰语，如"睡两个觉""拉三回铃"。(2)由"打"字可以构成一大批动词（pp.93）。

注解："阿浑"，阿訇；"伯理玺天德"，共和国总统；"法郎克"或"佛郎"，法郎；"迈当"，米（量度单位）；"生的迈当"，厘米。

第17课：两种类型的量词。

要点：一类为定性量词，表示可数的事物，如"件、张、头、把、只、根"等（pp.96-99），都可以由泛指的"个"代替；另一类为定量量词，表示不可数的事物，如"块、层、包、本、堆、滴"等（pp.99-101）。前一类往往难以译为法语，如"一件事""一张椅子"，法语说une affaire、une chaise，不用量词；后一类在法语里常有对应的表达，如"一块肉""一包衣服"，法语说un morceau de viande、un paquet de vêtements。

注解："一件意思"，一个主意、一项意义；"两点钟"，两个小时，指欧洲时间单位；"三下钟"，时鸣钟敲三下，即三个小时，也指欧洲时间；"一帮货"，一帮行商、一支商旅所携的货；"一半活"，一半的工作。

第18课：量词（续）；分数的表示法；代词和副词性连词。

注解："一道水"，与"一挑水"同义；"一堂灯"，一座大厅里的灯，按中国人的习惯一般为四盏；"那两屋子家伙"，指家具；"盐斤"，论斤秤的盐，也写为盐觔；"那张纸都㨃了"，纸揉皱了［"㨃"即"挼"，见《现代汉语词典》（第6版）1106页，字条"挼ruá"］；"……已经成没了"，即没有了、消失了。

第19课：简单动词；方式副词；叹词和句末小词。

要点：(1)简单动词，即单音动词；可重叠，中间插入"一"，表示行为有所节制，如"逛一逛""洗一洗"。(2)"然"字附于某些词的后面，始终重读，构成表示方式的副词，如"自然""忽然"。但"虽然""既然"不在其列，是连词。(3)叹词以及表示提醒、赞同、惊异、慨叹的若干说法（pp.112–113）；"好着得了"，意思是：这太好了！(4)句末小词"么、吗、嘛、啊、呢、呀"等。

第20课：助动词。

要点：(1)单音的，如"拿来""送去""锁上""坐下"；(2)双音的，如"送上来""想起来""生出来""翻过来"；(3)三音的，如"流将下来""飞将出去"。

第21课：表示"能够、可以"之义的动词和形容词；表示祈愿；复合动词的宾语所处的位置。

要点：(1)表达强烈的愿望，说"巴不得""恨不得"。(2)复合动词的直接宾语出现的位置，分几种情况：一、经常夹在主动词和助动词之间，如"拿白糖去""捎衣裳来"；二、如果宾语同时受主动词和助动词支配，则位于整个动词之后，如"你没有碰见人""吃不得生冷"；三、如果助动词为双音节，则宾语插在两个音节之间，如"说出话来""扔不下石头去"；四、如果宾语很长，通常置于整个动词之后；五、经常用"把"提取宾语，动词则居后。

第22课：被动态；动词短语和副词短语；拟声词。

要点：（1）表示被动，汉语没有特殊的形式，如"门开了""他叫来了"，形式上为主动，意义上则是被动（等同于"门被打开了""他被叫来了"），译成法语都用被动态。但汉语有动词性介词"被、受、挨、叫"等，可表示被动义。"受他勉强"，意为被他强迫。（2）由动词或副词构成的短语（pp.132–136），从例证来看还包括复合词，如动词"相见""自重"，副词"从来""格外"。标有星号的是书面语词。

注解：拟声词，"喊喊咤咤"，低语声；"叮当"，钟摆的嘀嗒声；"冰冰崩崩"，排枪的射击声；"唿拉一声"，大炮的轰鸣声。

第23课：连词以及连词短语；将来时和条件式。

要点：汉语经常省略连词，连词的意义可从上下文推知。如"有酒、不喝茶"（pp.143），可理解为：（1）如果有酒，通常不喝茶（一般而言的行为）；（2）如果有酒，那就不喝茶（要发生的行为）；（3）如果有酒，就不会喝茶了（已发生的行为）。

注解："好"（pp.138），以便。

第24课：时间的表达法。

注解："过年"，下一年，意即过了眼前的这一年；"头年"，去年；"老年间"，以往的那些年里，从前；"一半天"，连续不断，有一阵子；"早半天"，即上半天，上午；"晚半天"，即后半天、下半天，下午；"晚傍上"，即晚上；"当日"，当天，当时，那时。

第25课：时间的表达法（续）。

注解："两下半钟"，两个半小时；"五分的工夫"，五分钟时间；"每一点钟"，每个小时；"底根儿""头里"，起初，一开始；"老"，很久以来；"前十三年"，同义于"十三年前"；"等底下"，然后，接下来；"赶回头"，随后，后来。

第26课：性别的表达；专有名词。

注解："官客"，男性客人，男性受邀者；"堂客"，女性客人，女性受邀者，太太；"草鸡"，母鸡；"騲驴"，草驴，母驴；"雪黎"，悉尼；"新金山"，澳大利亚；"大西洋国"，葡萄牙。

第27课：礼貌语言。

要点："礼貌话"是统称，细别之，(1)对人要讲究"称呼"，尤其对年长者、位高者，须尊称；(2)对己则要保持谦卑，使用适当的"自称之词"；(3)对话时常用一些"应酬的话"，即客套话，也属于必要的礼仪。

注解："没领教"，还不知道尊姓大名；"多礼得很"，您太客气了；"新禧"，新年好。

第28、29课：书面语。

要点：最醒目的区别之一是表示属格、所有格等义的小词，官话用"的"，书面语代以"之"。(1)名词，没有后缀"儿、子、头"；凡指类属的后缀，如"人、匠、家、树、鱼"，只在上下文不清楚的情况下才使用；复合词很少，"东西"看起来像复合词，实则二字各具其义，意思是东和西、东方和西方，表示事物、东西一义，称"物"或"件"；没有复数后缀"们"，有时以"等"代替。(2)形容词，不说"好"，说"善、佳"；比较级，官话说"羊比狗还大"，书面语说"羊视犬较大"；指示形容词，官话称"这个、那个"，书面语称"此、彼"；疑问形容词，官话称"什么、哪个"，书面语称"何、孰"。

(3)代词,没有"您""咱tsâ"或"喒/偺tsân"。其余从略。

注解:连词类(pp.182),"第",但是;"庶",意欲。例句,"本铺开设杭垣",本店设在杭州城里;"昉由此矣",将就此(自此)开始。

这是一本讲授北京话初级口语的教材,具有速成、实用的特点。从结合课文所做的解释和说明来看,微席叶对汉语的结构特点相当敏感,观察得也很细。尤其语法上,如迂回式名词,实际上是动词的转指形式;被动态则指出汉语被动句的常见形式即受事主语句。此外,对汉语独有的"把"字句及离合词,微氏也都注意到并有所分析。一部汉语教材,包含有前人以及时人对汉语语法、词汇、语音诸方面综合探索的成果,至于哪些地方理应驻足,哪些地方可以略过,则取决于为教学服务的实际考虑。一般说来,凡是微氏重点讲解、讨论较细之处,在他眼里便是西方人学习汉语的难点,而从略之处则不太难学,因为背后可能隐有中西语言共享的规律。汉语自有特殊性,同时与欧语之间也不可能没有共通性。从殊性和通性两方面着手,针对外国人学汉语的需要设计教材,——当年微席叶这样做,今天人们编写对外汉语教材无疑也有必要这样做。

参考文献

Vissière, A. J. A. (1902) *Méthode de transcription Française des sons Chinois*. Paris: Comité de l'Asie Française.

Vissière, A. J. A. (1903) *Rudiments de la langue chinoise: prononciation, écriture, grammaire, syntaxe*. Paris: Imprimerie Nationale. / Paris-Londres: Hachette, 1912.

Vissière, A. J. A. (1904) Une particularité de l'écriture chinoise : les caractères renversés. *Journal asiatique*, janvier-février (3), 97–114.

Vissière, A. J. A. (1904) De la chute du ton montant dans la langue de Pékin. *T'oung pao*. Vol. V, 448-460.

Vissière, A. J. A. (ed.) (1902–1906) *Recueil de textes chinois à l'usage des élèves de l'École spéciale des langues orientales vivantes: textes en langue orale, extraits de journaux, pièces administratives et commerciales, correspondance épistolaire, documents officiels, traités, lois, règlements, etc.* Paris : Imprimerie nationale.

Vissière, A. J. A. (1928) *Premières leçons de Chinois: Langue mandarine de Pékin. Accompagnées de Thèmes et de Versions et suivies d'un exposé sommaire de la Langue écrite. Troisième edition revisée.(Première edition, 1909.)* Leide: Librairie et Imprimerie ci-devant E. J. Brill.

温利燕（2010）微席叶《北京官话：汉语初阶》研究，上海师范大学硕士论文。

PREMIÈRES LEÇONS

DE

CHINOIS

Langue mandarine de Pékin

Accompagnées de Thèmes et de Versions
et suivies d'un exposé sommaire de la Langue écrite

PAR

A. VISSIÈRE,
Ministre plénipotentiaire,
Professeur à l'Ecole Nationale des Langues Orientales Vivantes de Paris.

TROISIÈME EDITION
REVISÉE

LEIDE
LIBRAIRIE ET IMPRIMERIE CI-DEVANT E. J. BRILL
1928

燕京大學圖書館

Yenching University
Library

Harvard-Yenching
Library

PREMIÈRES LEÇONS

DE

CHINOIS

PRÉFACE
DE LA PREMIÈRE ÉDITION.

Mettre l'élève, par l'étude simultanée de la syntaxe et des mots de toute catégorie, en mesure de parler le plus promptement possible la langue mandarine de Pékin a été l'objet de cet ouvrage.

On ne trouvera donc pas, dans ce livre destiné aux débutants, l'exposé analytique de l'idiome chinois, basé sur la méthode et les classifications des grammaires européennes. J'ai, au contraire, réuni ici, en une série de vingt-sept leçons, graduées et un peu touffues, — correspondant approximativement au programme de mon cours de Première année, à l'Ecole Spéciale des Langues Orientales Vivantes, — une suite de règles et d'exemples. L'étudiant y trouvera résumé l'ensemble des procédés synthétiques du pékinois qui, avec des listes de mots usuels et des exercices appropriés, thèmes et versions, lui permettront d'acquérir en quelques mois la pratique sommaire du langage, de soutenir une conversation sur des sujets d'intérêt général et aussi de s'exercer à écrire le chinois tel qu'on le parle à Pékin.

Deux leçons finales sont consacrées aux particularités qui différencient la langue écrite du langage. Les renseignements qui y sont contenus mettront l'élève, déjà instruit de la façon de s'exprimer des Chinois, à même d'aborder la traduction des textes rédigés dans cette langue.

Je tiens à remercier ici M. LIEÔU FOÛ-TCH'ÊNG 劉符誠, répétiteur de mon cours, des soins qu'il a bien voulu donner à la revision des exemples et des exercices contenus dans cette modeste introduction à l'étude du chinois.

Paris, 1ᵉʳ mai 1909.

Le texte et les exemples de ces *Leçons* ont été, le cas échéant, dans cette troisième édition, mis en accord avec les institutions de la Chine républicaine. — A. V. (1928).

ABRÉVIATIONS.

Conf. = Conférez.
Env. = Environ.
Ex. = Exemple.
Fig. = Figuré.
Id. = *Idem.*
Litt. = Littéralement.
Num. = Numérale.
Pron. = Prononc er, é.
Prop. = Propre.
Règ. = Règle.
Rem. = Remarque.
Rép. = Réponse.
Var. = Variante.
Vlgt. = Vulgairement.

TABLE DES MATIÈRES.

	PAGES.
NOTIONS PRÉLIMINAIRES. — Résumé de grammaire et de syntaxe. — Transcription française des sons chinois	1
LEÇON I. — Prononciation. Ecriture. Numération	7
Thème 1	10
Version 1	10
LEÇON II. — Mots chinois. Articles français. Numérales	11
Thème 2	14
Version 2	14
LEÇON III. — Pluriel des pronoms. Mots omis en chinois. Génitif ou possessif	15
Thème 3	19
Version 3	19
LEÇON IV. — Négation. Temps passé	20
Thème 4	24
Version 4	24
LEÇON V. — Futur. Attribut et régime direct. Suffixe eul. Interrogation.	25
Thème 5	28
Version 5	29
LEÇON VI. — Composition des caractères. Clefs et phonétiques.	30
Thème 6	34
Version 6	35
LEÇON VII. — Clefs (*suite*)	36
Thème 7	40
Version 7	40
LEÇON VIII. — Phonétiques. Oui et Non. Verbes impersonnels.	41
Thème 8	44
Version 8	45

	PAGES.
LEÇON IX. — Pronoms et adjectifs interrogatifs et démonstratifs et adverbes similaires	46
Thème 9	51
Version 9	51
LEÇON X. — Mots répétés. Pluriel des noms. Verbe Etre.	52
Thème 10	57
Version 10	57
LEÇON XI. — Noms à désinences. Auxiliaire 把 pă. Pronoms	58
Thème 11	62
Version 11	62
LEÇON XII. — Synonymes juxtaposés. Adjectifs numéraux ordinaux. Impératif	63
Thème 12	67
Version 12	68
LEÇON XIII. — Juxtaposés antithétiques. Propositions circonstancielles. Verbes-prépositions	69
Thème 13	74
Version 13	75
LEÇON XIV. — Autres noms composés. Postpositions	76
Thème 14	81
Version 14	82
LEÇON XV. — Noms périphrastiques. Mesure et durée. Comparatifs.	83
Thème 15	87
Version 15	88
LEÇON XVI. — Noms polysyllabiques. Superlatifs. Verbes à régimes habituels.	89
Thème 16	94
Version 16	95
LEÇON XVII. — Deux classes de numérales	96
Thème 17	102
Version 17	102
LEÇON XVIII. — Numérales (*suite*). Noms de fractions. Pronoms et adverbe conjonctifs	103
Thème 18	108
Version 18	108
LEÇON XIX. — Verbes simples. Adverbes de manière. Interjections et particules finales	109
Thème 19	115
Version 19	115

	PAGES.
Leçon XX. Verbes auxiliaires	116
Thème 20	122
Version 20	123
Leçon XXI. — Verbes et adjectifs potentiels. Optatif. Position du régime des verbes composés	124
Thème 21	130
Version 21	130
Leçon XXII. — Voix passive. Locutions verbales et adverbiales. Onomatopées	131
Thème 22	136
Version 22	137
Leçon XXIII. — Conjonctions et locutions conjonctives. Futur et conditionnel	138
Thème 23	143
Version 23	144
Leçon XXIV. — Expression du temps	145
Thème 24	150
Version 24	151
Leçon XXV. — Expression du temps (*suite*)	152
Thème 25	158
Version 25	158
Leçon XXVI. — Désignations occasionnelles des sexes. Noms propres.	159
Thème 26	165
Version 26	166
Leçon XXVII. — Langage de la civilité	167
Thème 27	174
Leçon XXVIII. — Langue écrite	175
Leçon XXIX. — Langue écrite (*suite*)	181
Versions 27 et 28	187
Appendices. — I. Différentes écritures chinoises	188
— II. Livres chinois	190
— III. Chiffres chinois	191

IMPRIMERIE CI-DEVANT E. J. BRILL — LEIDE.

NOTIONS PRÉLIMINAIRES.

Résumé de grammaire et de syntaxe.

LANGUE ÉCRITE ET LANGUE PARLÉE.

Il y a lieu de distinguer, dans l'étude du chinois, entre la langue *écrite* et la langue *parlée*. La première est uniforme dans toute l'étendue du pays et à chacun des caractères, ou mots, qu'elle comprend est attachée une prononciation monosyllabique. La langue parlée, ou *orale*, se divise, au contraire, en un grand nombre de branches, représentées par la langue *mandarine* ou *officielle*, comprenant deux variétés (le Mandarin de Pékin ou du Nord, et le Mandarin du Sud) et des dialectes multiples, tels que ceux de Canton, du Fou-kien, de Ning-po, de Chang-hai etc. Dans le langage, des mots auxiliaires ou suffixes sont fréquemment adjoints à d'autres mots pour en préciser la signification, comme substantifs, verbes, adjectifs, adverbes etc., et constituent ainsi de véritables polysyllabes.

GRAMMAIRE.

Les caractères de la langue écrite sont des mots invariables dans leur forme graphique. Toutes les fonctions grammaticales peuvent, en théorie, appartenir à chacun d'eux selon la *position* qu'il occupe dans une phrase et les mots qui le précédent ou le suivent. Il n'y a donc pas de grammaire de la langue écrite et, seules, des règles de syntaxe peuvent être formulées en ce qui la concerne. Il n'en est pas de même de la langue parlée. La pauvreté de sons monosyllabiques de l'idiome (on n'en compte que 436 environ, à Pékin, sans comprendre les variations dues aux *tons*), en présence de la richesse des signes graphiques (au nombre de plus de 40.000) a rendu nécessaire de donner plus de clarté au langage en associant fréquemment ensemble deux ou plusieurs mots-syllabes, les uns servant aux autres de désinences ou de suffixes, comme il a été dit plus haut, à la façon de nos terminaisons des substantifs, verbes, adverbes, etc., ou leur venant en aide comme synonymes, verbes auxiliaires .... C'est dans l'exposé de ces éléments et de leurs combinaisons propres à la langue orale que consiste la grammaire chinoise, résultat de son développement polysyllabique.

Envisagée quant à la nature qui lui est propre, la langue chinoise comprend des mots qui, en vertu de leur position dans la phrase, font fonction de :

1°. NOMS ou PRONOMS; exemples: 人 jên, Homme; 我 wò, Je. Un certain nombre de substantifs, gouvernés par un autre nom qui est au possessif par rapport à eux et qui les précède, jouent le rôle de PRÉPOSITIONS françaises; ex.: dans la phrase 在家裏 tsái kiā-lì, „Etre-à *l'intérieur* de la maison", ou „Etre *dans* la maison", le substantif 裏 lì (Intérieur, Dedans) correspond à la préposition française *dans* et constitue ce que, par assimilation, nous appelons une *postposition*. De même, des noms chinois deviennent, par position, des ADVERBES français: 我今天去 wò kīn-t'iēn k'iú, „Je vais aujourd'hui" (litt.: Je, jour présent, vais).

A la même catégorie de mots appartiennent nos ADJECTIFS, ARTICLES ou ADVERBES DE MANIÈRE, considérés comme qualifications, comme noms de qualités déterminant un substantif ou un verbe. Ex.: 好 hào, Le bien, Ce qui est bien, d'où De bien, Bon, et 好人 hào jên, Homme de bien, Homme bon; 大路 tá loú, Route de grandeur, Grande route; 官話 kouān houá, Langage des fonctionnaires, Langue officielle ou mandarine; 快去 k'ouái k'iú, Aller rapidement (litt.: Avec rapidité, En hâte aller); 極好 kî hào, Extrêmement bon (litt.: A l'extrême bon), ou Extrême bonté.

2°. VERBES ou PARTICIPES, exprimant l'être ou l'action; ex.: 是 ché, dans 我是 wǒ ché, Je suis; 你作 nì tsó, Tu fais, Fais; 來的人 lâi-ti jên, L'homme venant, qui vient; 死人 ssèu jên, Homme mort. Les verbes chinois, lorsqu'ils font partie d'un membre de phrase circonstanciel, au lieu de jouer le rôle de verbe principal, ont par ce fait une fonction secondaire, atténuée, qui en fait l'équivalent de nos PRÉPOSITIONS ou de certaines de nos CONJONCTIONS, par lesquelles il y a lieu de les traduire. Ex.: 我對他說 wǒ touéi t'ā chouo, „Je, faisant-face-à lui, dis", est l'équivalent du français: Je dis à lui; 要是貴、我不買 yáo ché kouéi, wǒ poú mài, Si c'est cher, je n'en achète pas (litt.: Devant être cher, je n'achète pas).

3°. PARTICULES, que l'on peut répartir en trois classes:
a) Les INITIALES, qui correspondent à nos *interjections*; ex.: 阿 ā, Ah! 唉 ngài, Eh!
b) Les CONJONCTIVES, qui correspondent à des *conjonctions* ou *prépositions* françaises; ex.: 若 jó, Si; 或 houó, Ou; 的 tī, marque du possessif, De.
c) Les FINALES, qui correspondent à quelques *interjections* finales françaises, telles que Hein! Hein?, à des pauses ou appuis de la voix ou à de simples signes de ponctuation (, — ! ?); ex.: 麽 mō, marque d'interrogation; 呢 nī, finale qui peut suivre une affirmation ou une interrogation.

Les divisions ci-dessus permettront de comprendre la répartition faite, des mots de leur langue, par les Chinois, qui les classent généralement en:
MOTS PLEINS, 實字 chê dzéu, ayant une signification et comprenant des *Mots vivants*, 活字 houô dzéu ou 生字 chēng dzéu, (qui expriment l'être ou le mouvement: les Verbes) et des *Mots morts* 死字 sseù dzéu (qui ne sont que des appellations ou qualifications: les Substantifs, Adjectifs etc.), et
MOTS VIDES, 虛字 hiū dzeú, ou Particules, auxiliaires des mots pleins et n'ayant qu'un emploi, sans signification.

SYNTAXE.

Afin de se mettre aussi promptement que possible en mesure de parler chinois, il convient de mener de front l'étude des mots, — tant noms et verbes que leurs qualifications et les particules usitées dans la conversation, — et celle des règles de syntaxe qui déterminent les rapports de ces mots entre eux et l'influence que leurs positions respectives exercent sur leur signification et, par suite, sur la traduction à leur donner.

Trois règles primordiales dominent, en quelque sorte, toute la syntaxe chinoise:

1°. Les mots d'une phrase sont énoncés dans l'ordre suivant: sujet, verbe et attribut ou régime direct. Ex.: 我要水 wò yáo chouèi, „Je veux de l'eau".

2°. Les mots qui en qualifient d'autres se placent avant eux, de même que les propositions incidentes, les membres de phrase circonstanciels, doivent précéder l'expression du fait principal. Ex.: 這个人總要凉水 tchó-kó jên tsòng yáo leâng chouèi, „Cet homme-ci veut toujours de l'eau fraîche" (litt.: Cet un homme toujours veut fraîche eau); 他作完了這个、要作那个 t'ā tsó wân leào tchó-kó, yáo tsó ná-kó, „Il fera cela, quand il aura fini de faire ceci" (litt.: Il, ayant fini de faire ceci, fera cela).

3°. L'expression de la cause précède régulièrement celle de l'effet. Ex.: 我因爲沒有、要買 wò yīn-wéi mêi yeòu, yáo mài, „J'en achèterai, parce que je n'en ai pas" (litt.: Je, parce que n'ai pas, achèterai).

Les règles de détail concernant la syntaxe qui seront données ci-après ne sont, à vrai dire, que l'application des principes ci-dessus aux cas particuliers que présente la réunion dans une phrase des divers mots de la langue, ou des dérogations intentionnelles impliquant un sens différent.

Transcription française des sons chinois.

La transcription ici indiquée est celle qui a été adoptée par le Ministère français des Affaires étrangères et qui s'applique au parler pékinois. Les lettres y ont généralement leur valeur habituelle dans l'alphabet français [1]; il convient cependant d'ajouter les remarques suivantes:

a se prononce soit fermé (**chan, kouai, tsouan**), soit ouvert (**cha, hao, leao**);

ai se prononce comme aè, dans Décaèdre (**kai**), ou comme è (**hiai, kiai**);

e a quatre prononciations: celles de notre e de De, Ce (**che, chouen**), de o ouvert dans Mode (**cheou, keou**), de é fermé dans Épée (**chouei, leao, hei, ye**) et de è ouvert dans Père (**chen, hen, pei, sie, yen**);

ei se prononce comme é-ï ou comme eille dans Bouteille, suivant les tons;

eu se prononce comme dans Deux, Eux (**sseu, tseu**) ou comme dans Peur (**eul**);

o se prononce ouvert comme dans Mode (**ko, to, tcho, ts'o**) ou parfois fermé comme dans Môle et, dans ce cas, il peut s'allonger en ouo (**so ou souo, to ou touo**);

ouen final est souvent prononcé oun;

u ne formant pas diphthongue (**eu, ou**) a toujours le son français de Mû, Tu;

h initiale marque une aspiration très forte, à peu près r'h (moins roulée, plus gutturale, **hao, hen**), sauf devant i, où elle se confond avec l's palatale, soit un son intermédiaire entre s et ch: le ch allemand de Ich;

s est dentale, sauf devant i, où elle devient palatale; **si** et **hi** se prononcent de même: $\frac{s}{ch}$i;

k a, à Pekin, devant un i, la valeur du t suivi de l's palatale: **ki** = t$\frac{s}{ch}$i;

ts devant i a le même son: **tsi** = t$\frac{s}{ch}$i; **tsing** = t$\frac{s}{ch}$ignĕ;

---

[1] L'élève devra lire attentivement la *Méthode de transcription française des sons chinois adoptée par le Ministère des affaires étrangères* (dans le *Bulletin de l'Association Amicale franco-chinoise*, fascicule de Janvier 1915), travail dans lequel sont exposés les principes de la prononciation mandarine de Pékin, suivie exclusivement ici. Il y trouvera la liste des syllabes du pékinois, avec l'indication des quelques variantes qui existent (**to** et **touo**, **souen** et **soun**....).

n finale se prononce indépendamment de la voyelle qui la précède (**kouan** = koua-n', ou le français Couenne), **ken** = keu-n' comme dans Que n'(a-t-il ?);

ng initial se prononce comme gn (**ngan** = gna-n') très atténué; — final, précédé de **a**, **e** ou **o**, forme avec ces voyelles un son nasal (**ang** = a͡n-gnĕ; **eng** = u͡n-gnĕ; **ong** = o͡n-gnĕ); précédé de **i**, ce groupe sonne indépendamment (**ling** = li-gnĕ; **ming** = mi-gnĕ);

ss a un son plus sifflant que l's simple (**sseu**);

w a toujours le son anglais, identique au français *ou* devant une voyelle (**wang** = o͡ua͡n-gnĕ);

y n'est que consonne initiale et équivaut à nos ll mouillées, (yi comme dans fou*ill*is).

De l'aspiration. — Initiale, l'aspiration est figurée, comme il est dit plus haut, par h. Dans le corps d'une syllabe, elle est marquée par une apostrophe (**k'ao** = kr'hâô; **k'an** = kr'hă-n'). Devant un **i**, l'apostrophe équivaut à y: **k'in** = t$^s_{ch}$yi-n'; **k'ing** = t$^s_{ch}$yi-gnĕ).

LEÇON I.

Prononciation. Ecriture. Numération.

RÈGLE 1 : — Toute syllabe chinoise peut être modulée, à Pékin, suivant quatre tons, qui sont :

1° Le premier ton égal ou Ton égal supérieur (**Cháng p'îng chēng**), marqué en transcription française par le signe ‾ sur la voyelle ou l'une des voyelles de la syllabe. Ex.: **mī, piāo**; prononcez longuement, sans élever ni baisser la voix, mais en articulant bien la consonne initiale: **mmii, ppiââo**.

2°. Le second ton égal ou Ton égal inférieur (**Hiá p'îng chēng**), marqué par le signe ʌ. Ex.: **mî, piâo**; prononcez brièvement et nettement comme en interrogeant : **mi?, piâo?** C'est le ton aigu, moins sourd que le précédent.

3°. Le Ton montant (**Chàng chēng**), marqué par le signe \. Ex.: **mì, piào**; prononcez en élevant fortement la voix sur la fin ou le milieu de la syllabe: **mii, piââo**.

4°. Le Ton partant (**K'iú chēng**), marqué par le signe /. Ex.: **mí, piáo**; prononcez fortement le commencement de la syllabe et très peu la fin; **mmi, ppiao**. C'est le ton descendant, qui s'atténue et se perd à la fin.

Remarque. Les tons ne se font sentir, en parlant, que sur les syllabes accentuées, c'est-à-dire sur celles auxquelles la voix doit donner une importance prédominante dans une phrase ou une locution.

RÈGLE 2 : — Le style écrit est monosyllabique. Chaque caractère est un mot et se prononce en une seule syllabe. Dans la langue parlée, des mots auxiliaires ou suffixes sont adjoints fréquemment à des substantifs, pronoms, adjectifs, verbes ou adverbes et perdent presque entièrement leur sens primitif pour prendre la fonction de nos terminaisons de mots différenciant les parties du discours, les nombres, les temps de verbes etc. Ex.: 貓 maŏ signifie Chat et 兒 eûl signifie Enfant. Dans le style écrit, 貓兒 māq eûl devra être traduit par „Enfant du chat", tandis que, dans la langue parlée, eûl, suffixe des substantifs, s'agrège avec le nom principal et maŏ-eul signifie seulement „Chat". De semblables suffixes ne sont pas accentués.

RÈGLE 3: — Les Chinois tracent les caractères de leur écriture de haut en bas en se servant, le plus souvent, d'un pinceau. Les colonnes ainsi formées se suivent de droite à gauche, sauf exceptions provenant de l'imitation de textes étrangers. La première page d'un livre chinois serait la dernière d'un livre français. Le pinceau est tenu verticalement, perpendiculaire au papier.

Les sept traits élémentaires de l'écriture sont les suivants: — de gauche à droite, | de haut en bas, ↘ le point, ⟋ oblique de droite à gauche, ⌐ commencé à gauche pour s'étaler à droite, ⟋ relevé obliquement vers la droite et ⌐ vertical se terminant en crochet. Ces traits-types sont susceptibles de nombreuses variantes.

On commence presque toujours à écrire un caractère par le haut ou la gauche pour le terminer en bas ou à droite. Lorsque deux traits se coupent en croix ┼, celui qui est horizontal est formé le premier. L'élément 卄, qui surmonte un grand nombre de caractères et qui semble formé de deux petites croix, est constitué de quatre traits tracés dans l'ordre suivant: ˙卄˙. Les carrés 口 ne comptent que trois traits: | 𠃍 et —.

Lorsqu'un caractère entre dans la composition d'un autre, plus compliqué, comme élément latéral, ses traits de droite ou de gauche se contractent en convergeant vers le milieu du composé. Ex.: les traits de droite de 金 sont contractés au milieu de 釘, comme ceux de gauche le sont dans 捡. De même, 林 se compose de 木 répété.

1e Leçon.

Mots à étudier.

一 yī, yî *ou* yí, Un.
二 eúl, Deux.
三 sān, Trois.
四 sséu, Quatre.
五 woù, Cinq.
六 lieóu, Six.
七 ts'ī, Sept.

八 pā, Huit.
九 kieòu, Neuf.
十 chê, Dix; Dizaine.
十一 chê-yí, Onze.
十二 chê-eúl, Douze.
十五 chê-woù, Quinze.
十九 chê-kieòu, Dix-neuf.

二十 eúl-chê, Vingt, deux dizaines.
二十一 eúl-chê-yí, Vingt-et-un.
四十五 sséu-chê-woù, Quarante-cinq.
百 pài *ou* pô, Cent; Centaine.
一百 yí-pài, Cent, une centaine.
六百六十六 lieóu-pài lieóu-chê lieóu, Six cent soixante-six (6 centaines, 6 dizaines *et* [1]) 6).
一千 yí-ts'iēn, Mille, un millier.
一千二百三十四 yí-ts'iēn eúl-pài sān-chê sséu, Mille deux cent trente-quatre.
萬 *ou* 万 wán, Dix mille; Myriade.
二萬 eúl-wán, Vingt mille, deux myriades.

RÈGLE 4 : — La numération chinoise, à la différence de la nôtre, ne s'arrête pas, pour recommencer ensuite, aux milliers mais aux myriades. On dit:

Dix myriades, 十萬 chê-wán, pour Cent mille,

Cent myriades, 一百萬 yí-pài-wán, pour Un million,

Une myriade et cinq milliers de myriades, 一萬五千萬 yí-wán woù-ts'iēn-wán, pour Cent cinquante millions. Etc.

---

1) Les mots français en *italique* ne sont pas exprimés en chinois. Il en sera de même dans les exercices du début, pour faciliter la traduction.

RÈGLE 5 : — Le mot 零 lîng, qui signifie Reste, Plus...., doit être employé pour tenir lieu d'une unité manquante dans le corps d'un nombre. Ex. :

一百零二 yi pài lîng eúl, Une centaine plus deux = 102.

八百零七 pā-pài lîng ts'ĭ, Huit centaines plus sept = 807.

四萬五千零三十一 sséu-wán woù-ts'iēn lîng sān-chê yí = 45.031.

八萬零六百零二 pā-wán lîng liéou-pài lîng eúl = 80.602.

九千零三 kieòu-ts'iēn lîng sān, = 9.003.

Remarque. Lîng remplace donc notre zéro, sauf à la fin des nombres :

六百九十 liéou-pài kieòu-chê, Six centaines *et* neuf dizaines = 690.

THÈME 1.

Ecrire en lignes verticales, procédant de droite à gauche, les nombres suivants :

12,	27,	348,
1159,	3030,	99.900,
20.401,	3.615.237,	1902.

VERSION 1.

Indiquer la traduction et la prononciation des nombres suivants :

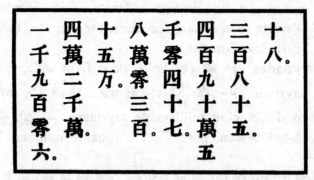

LEÇON II.

Mots chinois. Articles français. Numérales.

RÈGLE 6: — Les mots chinois, sons et caractères, sont en principe invariables et peuvent être employés tantôt comme noms ou adjectifs, tantôt comme verbes ou adverbes et parfois même comme particules. Leur position dans une phrase détermine leur fonction grammaticale et les rapports qui les unissent. Dans la langue orale, certains mots auxiliaires sont employés, comme nous en avons déjà vu un exemple (RÈG. 2), pour concourir au même résultat. Les mots chinois doivent donc être traduits, selon leur valeur en construction, par des équivalents français différenciés entre eux par les terminaisons propres à nos diverses parties du discours, à nos cas, genres, nombres, temps de verbes, etc.

L'usage a, surtout dans le langage, atténué ce caractère général et restreint le nombre des acceptions d'un même mot. C'est ainsi que les exemples suivants sont, avant tout, des substantifs, avec des nuances d'emploi que nous indiquons, mais non exclusivement:

人 jên, Homme, s; L'homme, les h.; Un homme, des h.; On; Quelqu'un, Autrui, Les autres; Humain, e.

天 t'iēn, Ciel, cieux; Jour, s; Temps, température; Céleste.

金 kīn, Or; L'or; De l'or; Métal, métaux; D'or, doré.

木 móu, Bois, arbre, s; Le bois; Du bois; Ligneux, en bois, de bois.

水 chouèi, Eau, x; L'eau, les eaux; Une eau, des eaux; De l'eau; Aquatique, liquide.

火 houò, Feu, x; Le feu, les f.; Un feu, des f.; Du feu; Igné, de feu.

土 t'où, Terre, s (*substance*); La terre; De la terre; Terreux, en terre, de terre.

山 chān, Montagne, s; La, les m.; Une, des m.; Montagneux.

海 hài, Mer, s; La, les m.; Une, des m.; Maritime.

馬 mà, Cheval, chevaux; Le, les ch.; Un, des ch.; Hippique.

鳥 niào, Oiseau, x; L'oiseau, les o.; Un, des oiseaux; D'oiseau.

魚 yû, Poisson, s; Le, les poissons; Un, des p.; Du poisson; De poisson.

Les mots suivants sont presque invariablement pronoms:

我 wǒ, Je, me, moi; *parfois* Nous; Mon, ma, mes; Notre, nos.
你 nì, Tu, te, toi; *parfois* Vous; Ton, ta, tes; Votre, vos.
他 t'ā, Il, elle, le, la, lui; *parfois* Ils, elles, eux, les, leur; Autre, s.

Sont surtout adjectifs ou adverbes:

大 tá, Grand, e; Gros, se; Grandement.
小 siào, Petit, e; En petit; Rapetisser.
白 pâi *ou* pô, Blanc, che; En blanc, en vain, inutilement, gratis.
好 hào, Bon, ne; Beau, belle; Bien; Facile à.
明 mîng, Clair, e; Brillant, e; Clairement; Clarté.

Sont surtout verbes, à tous les temps, modes, voix et à toutes les personnes:

是 ché, Etre; Suis, es, est, sommes,....; C'est; Ce qui est: la vérité; Oui.
在 tsái, Etre à (*locatif*); Suis, es à....; C'est à; A (*locatif*), dans.
有 yeòu, Avoir; Ai, as, a....; Il y a; Voici, voilà.
要 yáo, Vouloir; Devoir; Falloir; Il faut,......
作 tsó *ou* tsóuo, Faire; Fais, fait......
能 nêng, Pouvoir; Peux, peut....; Il est possible de; Capacité, s.
來 lâi, Venir; Viens, vient....; Venue.
去 k'iú, S'en aller, aller, partir; Départ; Enlever, éliminer.
到 táo, Aller à; Arriver; Atteindre; Arrivée; A, jusqu'à.
回 (*ou* 囘) houêi, Retourner; S'en retourner; Revenir; Retour; Fois.

RÈGLE 7: — Nos articles définis, indéfinis et partitifs ne sont, le plus souvent, pas rendus en chinois. Lorsqu'une importance spéciale s'y attache, on leur substitue des adjectifs démonstratifs ou numéraux. Mais, en général, on dit indifféremment:

2ᵉ Leçon.

人有馬 jên yeòu mà,

pour: L'homme a le cheval, *ou* Les hommes ont les chevaux (*ou* des chevaux), *ou* L'homme a les (*ou* des) chevaux, *ou* Un homme a un (*ou* le) cheval, *ou* Les (*ou* des) hommes ont le (*ou* un) cheval, *ou* les (*ou* des) chevaux.

RÈGLE 8: — On appelle „Numérale" un substantif qui, en chinois parlé, se place après un nom de nombre et avant le substantif auquel celui-ci se rapporte pour en préciser davantage la mesure, la quantité ou la nature. L'usage de ces auxiliaires est rendu nécessaire par l'incertitude qui résulterait autrement de la pauvreté phonétique de la langue. La plus fréquente des numérales est:

个 (箇 *ou* 個) kó, qui signifie Individu, Unité.

Dans une composition de style, on écrit 一人 yí jên, pour Un homme; mais on doit toujours dire 一个人 yí-kó jên, Une unité d'homme, dans le même sens [1]).

Outre cette numérale d'ordre général, il en existe d'autres pour un nombre assez étendu de catégories d'objets et on doit se garder de les employer indistinctement. „Un" est souvent omis devant la numérale: 有个人 yeòu kó jên, Il y a un homme.

Remarque. Les noms qui par eux-mêmes expriment une mesure ne prennent généralement pas de numérale. Ex.:

一斤 yí kīn, Une livre (*chinoise, dite Catti, 604 grammes*).

一天 yí t'iēn, Un jour.

一年 yí niên, Une année.

三斗 sān teòu, Trois boisseaux.

---

[1]) On écrit de même 一个人, lorsque l'on s'applique à reproduire le langage tel quel par l'écriture, comme nous le faisons dans les exercises de ce livre.

Thème 2.

Traduire, en indiquant la prononciation, les phrases suivantes (L'ordre des mots est le même en chinois et en français):

Je suis homme. — C'est toi. — Tu veux faire *du* feu. — J'*en* veux deux livres. — Il a *un* cheval. — Je puis venir. — Il y a *du* poisson. — Il faut *qu*'elle ait *de l*'eau *et du* feu. — Il y a quatre ans. — Il faut *que* tu t'en ailles. — Je veux aller à la mer. — *Les* cinq hommes ont *de* l'or. — Je viens *et* tu t'en vas. — *Le* ciel *est* clair. — *La* mer a *de l*'eau et a *des* poissons. — *La* montagne a *de la* terre et a *de l*'or. — Une année a trois cent soixante-cinq jours. — Il veut retourner faire *du* feu.

Version 2.

Ecrire les phrases suivantes en caractères et en faire la traduction:

Jên yáo mà. — Yû tsái chouèi. — Wò nêng tsó tá houò. — Nì yáo hào yû. — Chê-kieoù-kó jên yáo lâi. — Siào chān, tá hài. — Yeòu sān niên. — Pâi t'iēn. — Nì pâi lâi. — Chān yeòu t'où, hài yeoù chouèi. — Ché t'ā. — Nì k'iú. — Lieóu-kó jên yáo yû. — Wò yáo k'iú. — Yí-wán-kó jên. — T'ā yeoù sséu-pâi lieóu-chê-sān kó. — Pā teoù, eúl kīn.

LEÇON III.

Pluriel des pronoms. Mots omis en chinois. Génitif ou possessif.

MOTS À ÉTUDIER.

地 tí, Terre, terrain, territoire; Souterrain, e.
冰 ou 冰 pīng, Glace (*eau gelée*).
石 chê, Pierre.
花 houā, Fleur; Fleuri, orné; Dépenser.
王 wâng, Roi; Prince.
家 kiā, Maison; Famille.
門 mên, Porte.
手 cheòu, Main.
頭 t'eòu, Tête; En tête; Premier; Précédent.
口 k'eòu, Bouche; Passage.
毛 mâo, Poil, s; *parfois* Cheveu, x.
肉 jeóu, Chair, viande.

狗 keòu, Chien.
牛 niêou, Bœuf, vache.
羊 yâng, Mouton.
龍 lông, Dragon.
米 mì, Riz *cru*.
飯 fán, Riz *cuit*; Aliments, nourriture.
茶 tch'â, Thé.
酒 tsieòu, Vin.
字 tséu *ou* dzéu, Caractère d'écriture.
書 choū, Livre.
紙 tchè, Papier.
筆 pì, Pinceau; Plume *à écrire*.
墨 mó *ou* mouó, Encre.
硯 yén, Encrier *chinois*.

開 k'āi, Ouvrir.
看 k'án, Regarder; Lire.
見 kién, Voir; Percevoir.

得 tô, Obtenir; *prononcé* tèi, Devoir; Il faut...
給 kèi, Donner; Donner à; A (*datif*).

吃 (*ou* 喫) tch'ē, Manger.

RÈGLE 9: — Le pluriel des pronoms personnels se forme par l'adjonction après eux du mot 們 mēn, qui indique une catégorie, une collectivité de personnes:

我們 wǒ-mēn, Nous; *parfois* Notre, nos.

你們 nì-mēn, Vous; *parfois* Votre, vos.

他們 t'ā-mēn, Ils, elles, eux, les, leur; *parfois* Leur, s.

RÈGLE 10 : — Les mots français Et, Ou, Que, Qui, Si, Quand, Pour, A (= pour), En (= de cela) et les pronoms personnels sont très souvent sous-entendus en chinois. Ex. :

人馬 jên mà, Homme *et* cheval; l'homme *ou* le cheval; des hommes $\frac{et}{ou}$ des chevaux.

水火 chouèi houò, L'eau *et* le feu; Eau *ou* feu; etc.

山水 chān-chouèi, Montagnes *et* eaux = Paysage.

大小 tá siaò, Grand $\frac{et}{ou}$ petit; Le grand *et* le petit = Dimension.

來回 lâi houêi, Venir et retourner; Aller *et* retour.

來往 lâi wàng, Venir *et* aller; Allées *et* venues = Relations.

筆墨 pì mó, Le pinceau *et* l'encre.

(Les associations de mots ci-dessus sont consacrées par l'usage. On en changerait la signification, si on intervertissait l'ordre de leurs éléments).

要你作 yáo nì tsó, Il faut *que* tu fasses, *ou* Vouloir *que* tu fasses.

我見他去 wǒ kién t'ā k'iú, Je vois *qu*'il s'en va.

是你有米 ché nì yeòu mì, C'est toi *qui* as le riz.

有人來看 yeòu jên lâi k'án, Il y a quelqu'un *qui* vient regarder.

作飯給你 tsó fán kèi nì, Faire du riz *pour* te *le* donner.

有紙給他 yeòu tchè kèi t'ā, Il y a du papier *à* lui donner.

好看 hào-k'án, Bon *à* regarder = Joli.

好得 hào tô, Bon, facile *à* obtenir

難受 nân cheóu, Difficile *à* supporter.

你有、你給 nì yeòu, nì kèi, Tu *en* as *et* tu *en* donnes; Tu donnes *ce que* tu as; *Si* tu *en* as, tu $\frac{le}{en}$ donnes; *Quand* tu *en* as, tu $\frac{le}{en}$ donnes.

RÈGLE 11 : — Lorsque deux noms se suivent, le premier peut

3e Leçon.

être au génitif par rapport au second, sans que le mot De soit exprimé. Ex.:

人頭 jên t'eôu, Tête d'homme.
羊肉 yâng jéou, Viande de mouton; Du mouton.
火山 houǒ-chān, Montagne de feu = Volcan.
水手 chouèi-cheòu, Main d'eau = Matelot.
茶葉 tch'â-yé, Feuilles de thé = Du thé en feuilles.
硯臺 yén-t'âi, Plate-forme d'encrier = Encrier chinois.

RÈGLE 12 : — La particule 的 tī, De, s'ajoute après un mot pour marquer le possessif ou génitif, les qualifications formées en français à l'aide de De, A ou En, l'adjectif, les participes ou l'adverbe de manière, sans que son emploi soit toujours obligatoire. Ex.:

我的 wǒ-tī, Mon, ma, mes; Mien, s; Le mien, les miens.
你們的 nì-mēn-tī, A vous; Votre, vos; Le vôtre, les vôtres.
官的 kouān-tī, De fonctionnaire; De mandarin; Officiel.
文的 wên-tī, De lettres, de littérature; Littéraire; Civil.
武的 woù-tī, D'armes; Militaire.
大頭的 tá-t'eôu-tī, A grosse tête.
白毛的 pâi-mâo-tī, A poils blancs.
吃的 tch'ē-tī, A manger.
紙的 tchè-tī, En papier.
金的 kīn-tī, En or.
好的 hào-tī, Bon; Bien.
粗的 ts'oū-tī, Grossier, grossièrement.
流的 lieôu-tī. Coulant; S'écoulant.
滿的 màn-tī, Rempli; Plein, pleinement.

Remarque. 的 tī, après un adjectif ou un participe, a la valeur de notre mot De précédant ces mots en français, dans les phrases suivantes :

我有四个好的 wǒ yeòu sseú-kó hào-tī, J'en ai quatre de bons.

他給你一个開的 t'ā kèi nì yí-kó k'āi-tī, Il t'en donne un d'ouvert.

RÈGLE 13 : — Tout mot qui en qualifie un autre, comme adjectif, participe, adverbe, substantif au génitif, en apposition ou précédé de A, nom propre ou appellation, se place avant celui qu'il qualifie. Ex. :

大人 tá-jên, Grand homme = Son Excellence, Monsieur.
公堂 kōng-t'âng, Publique salle = Tribunal.
老父母 lào foú-moù, Vieux père *et* mère, vieux parents.
來的人 lâi-tī jên, Homme venant, *ou* venu.
寫的字 siè-ti dzeú, Caractères écrits.
寫字的人 siè-dzéu-tī jên, Homme écrivant *des* caractères.
大開的門 tá k'āi-tī mên, Porte grandement ouverte.
門口 mên-k'eòu, Bouche *de* porte = Entrée.
火油 houò-yeôu, Huile *de* feu = Pétrole.
油燈 yeôu-tēng, Lampe *à* huile.
茶杯 tch'â-pēi, Tasse *à* thé.
王大人 Wâng Tá-jên, Son Excellence, Monsieur Wâng.
天山 T'iēn-chān, *Les* Monts célestes.
玉石 yú-chê, *La* pierre (*appelée*) jade = *Le* jade.
鯉魚 lì-yû, *Le* poisson carpe.
菊花 kiū-houā, *La* fleur chrysanthème, *Le* chrysanthème.
無花菓 woû houā kouò, Fruit sans fleur = Figue.

Remarque. Il résulte de ce qui précède que la particule 的 tī sert aussi d'équivalent à nos pronoms relatifs Qui, Que et aux groupes de mots Ce qui, Ce que, Ceux qui.... Ex. :

去的人 k'iú-ti jên, L'homme qui *y* va.
我看的書 wò k'án-ti choū, Le livre que je lis.
你要的 nì yáo-tí, Ce que tu veux.
開門的 k'āi-mên-ti, Celui qui ouvre *la* porte.

Thème 3.

L'encrier que je veux est le leur. — Il peut faire *de la* nourriture *pour* te *la* donner *à* manger. — Il faut ouvrir *la* petite porte. — *Les* livres que nous voulons lire sont à vous. — *L*'eau de *la* montagne est glacée. — *Les* hommes doivent avoir *des* relations. — Il faut *qu'il* y ait quatre livres *de* viande *de* bœuf. — Ce que nous regardons, *ce* sont *les* chrysanthèmes de Son Excellence. Wâng. — *L*'homme qui *est* venu a *du* thé *en* feuilles *et* a *du* bon vin. — Il veut retourner *à la* maison *pour* écrire *des* caractères *et* lire *un* livre. — *Les* trois hommes, aller *et* retour, mangent cinq livres *de* viande *de* mouton. — Mes père *et* mère sont à *la* maison. — *Quand* j'ai *des* pinceaux *et de l*'encre, je lui *en* donne. — *Si* j'*en* ai de jolis, je pars vous *les* donner *à* regarder. — *En* un jour, *pour* dix hommes, *on* veut trois boisseaux *de* riz *cru*.

Version 3.

官在公堂。你我有來往。在是我們的書。你來的人有大堂門口的筆墨硯臺。的山水他們說你得開小門、我看去。他們說有茶有酒。我寫字的人要好水要好墨。我們你能寫好字作好書。吃的是四天。肉羊肉白米飯。你來去官武官。他回家的有二百零八箇人。天在水是好作的龍在

LEÇON IV.

Négation. Temps passé.

Mots à étudier.

東 tōng, Orient, est; Oriental.
西 sī, Occident, ouest; Occidental.
南 nân, Sud, midi; Méridional.
北 pèi, Nord; Septentrional.
中 tchōng, Milieu; Central; *prononcé* tchóng, Réussir.
華 houâ, Fleur; Culture littéraire; Chine, chinois.
國 kouô, Contrée, Etat, royaume, empire.
省 chèng, Province; Economiser.
道 táo, Voie; Doctrine; Cercle, *division provinciale*; Dire.
縣 hién, Sous-préfecture.
京 kīng, Capitale.
都 toū, Capitale; toū *ou* teoū, Complètement, entièrement, en tout.

城 tch'êng, Ville murée; Mur, muraille.
民 mîn, Peuple, populaire; Civil.
里 lì, Li, *mesure itinéraire (env. un demi-kilomètre)*.
江 kiāng, Fleuve, rivière.
河 hô, id., id.
湖 hoû, Lac.
邊 piēn, Côté; Bord; Frontière.
名 mîng, Nom; Renommée; Célèbre.
先 siēn, D'abord; Avant.
古 koù, Antiquité; Antique.
朝 tch'âo, Cour, gouvernement; Dynastie.
兩 (兩 *ou* 両) leàng, Deux; Once, taël.
錢 ts'iên, Monnaie; Sapèque; *De* l'argent.
銅 t'ông, Cuivre, bronze.

4ᵉ Leçon.

不 póu, (pôu, pŏu), Ne pas, pas; Non; Sans.

沒 (ou 没) mêi (moû, mó), Ne pas avoir; Ne pas (*suivi d'Avoir*); Sans.

了 leào, Terminer; Fini; *marque qu'un fait est* accompli (*souvent* ló. ¹)

各 kô, kó, Chaque, chacun; Tous; Les.

清 ts'îng, Pur, e; Pureté; Purifier.

黃 houâng, Jaune; Etre jaune.

長 tch'âng, Long; Longueur; Longuement; *pron.* tchàng, Grandir, Pousser, Chef, Supérieur.

沿 yên, Longer; Le long de.

過 koúo, Passer, dépasser.

考 (ou 攷) k'ào, Examiner; Passer *ou* Faire passer un examen.

行 hîng, Marcher; *fig.* Aller, Convenir; *prononcé* hâng, Rangée, Rang, Corporation.

RÈGLE 14: — La négation est exprimée devant les adjectifs, les verbes (sauf Avoir) ou les adverbes par le mot 不 póu, pŏu *ou* pôu. Ex.:

不好 poú hào, Pas bon; Pas bien; Mauvais; Mal.

不長 poú tch'âng, Pas long; *pron.* poú tchàng, Ne pas grandir, ne pas pousser.

不好看 poú hào k'án, Pas joli.

不到 poú táo, Ne pas arriver.

不買 poú mài, Ne pas acheter.

不賣 poú mái, Ne pas vendre; Pas *à* vendre.

不過 poú kouó, Ne pas dépasser; Seulement, ne que.

不行 poú hîng, Ne pas convenir; Cela ne va pas.

不錯 poú ts'ó, Ne pas se tromper; C'est juste.

不久 poú kieóu, Pas longtemps, bientôt.

不常 poú tch'âng, Pas souvent.

Remarque. Le verbe 沒 mêi (môu *ou* mó), Ne pas avoir, remplace toujours 不 póu devant 有 yeóu, Avoir. Il s'emploie aussi seul avec le même sens et, dans les deux cas, sert à former le passé négatif des verbes. Ex.:

---

1) Que l'on écrit aussi 咯 ló *ou* 囉 ló.

沒有錢 mêi-yeòu ts'iên, *ou* 沒錢 mêi ts'iên, Ne pas avoir d'argent; Sans argent.

我沒有給你 wò mêi-yeòu kèi nì, Je ne t'ai pas donné.

他沒要茶 t'ā mêi yáo tch'â, Il n'a pas voulu (*ou* demandé) de thé.

RÈGLE 15 : — D'une façon générale, le temps passé est indiqué par l'adjonction du verbe auxiliaire 了 leào (*ou* ló), Terminer, é, Finir, i, après le verbe principal ou à la fin de la phrase. Ex.:

我買了兩个 wò mài-leào leàng-kó, J'en ai acheté deux.

你考了 nì k'ào ló, Tu as passé l'examen.

他開門了 t'ā k'āi mên ló, Il a ouvert la porte.

我給他十个錢了 wò kèi t'ā chê-kó ts'iên ló, Je lui donnai dix sapèques.

1ère Remarque. Lorsque la phrase est négative, Ne pas avoir, exprimé, comme nous l'avons vu plus haut (RÈG. 14, *Rem.*), par 沒有 mêi-yeòu ou 沒 mêi, peut être suivi ou non de 了. On dira donc indifféremment pour „Il n'est pas mort": 他沒有死 t'ā mêi-yeòu ssèu ou 他沒有死了 t'ā mêi-yeòu ssèu-ló, 他沒死 t'ā mêi ssèu ou 他沒死了 t'ā mêi-ssèu-ló; pour „Tu ne m'as pas donné": 你沒有給我 nì mêi-yeòu kèi wò ou 你沒給我了 nì mêi kèi wò ló.

2ème Remarque. L'auxiliaire 了 peut être supprimé, si la phrase contient par ailleurs une indication du passé. Ex.:

我去年有病 wò k'iú-niên yeòu ping, L'année dernière, j'avais (*ou* j'eus, *ou* j'ai eu) *une* maladie.

明朝有兩京 Mîng tch'âo yeòu leàng kīng, La dynastie Ming avait deux capitales.

有兩三年、不在黃河南邊 Yeòu leàng sān niên, poú tsái Houâng-hô nân piēn, Il y a deux ou trois ans, ce n'était pas au (côté) sud du Fleuve jaune.

4e Leçon.

3ème Remarque. 了 indique la réalisation effectuée, mais aussi parfois s'effectuant ou même devant s'effectuer. Le présent ou le futur doivent donc être employés en français, dans certains cas, et sont suggérés par les membres de phrase qui précèdent. Ex.:

有了 yeòu ló (*ou* leào), Il y en a; Voici! (*litt.*: Qu'il y en ait est réalisé).

我來了 wò lâi ló, Je viens (*litt.*: Que je vienne est réalisé).

你給了 nì kèi ló, Tu donnes.

等他來、有了, tèng t'ā lâi, yeoù ló, *Si l'on* attend *qu*'il vienne, il y *en* aura; Il y en aura, quand il viendra.

Si la construction ci-dessus contient une négation, celle-ci devra être rendue généralement par Ne plus. Ex.:

沒了 mêi ló, Il n'y en a plus (*ou* Il n'y en a pas).

不是他了 póu ché t'ā ló, Ce n'est plus lui (*ou* Ce n'est pas lui).

我不吃肉了 wò póu tch'ē jeóu ló, Je ne mange plus de viande.

你不要給了 nì póu yáo kèi ló, Tu ne devras (*ou* voudras) plus donner.

草不長了 ts'ào póu tchàng ló, L'herbe ne pousse (poussa *ou* poussera) plus.

RÈGLE 16: — Le passé ou le plus-que-parfait des verbes peut être marqué, à leur suite, par les auxiliaires 過 kouó, Passer, é, ou 過了 kouó-leào (ló). Ex.:

我到過北京 wò táo-kouó Pèi-kīng, Je suis allé (*ou* J'étais allé) à Pékin.

你沒有去過 nì mêi-yeòu k'iú-kouó, Tu n'*y* es (*ou* étais) pas allé.

他們沒看過了 t'ā-mēn mêi k'án-kouó-ló, Ils n'ont (*ou* n'avaient) pas regardé.

有過錢了 yeòu kouó ts'iên ló, Avoir eu de l'argent.

THÈME 4.

J'ai vingt-cinq taëls. — Il n'a pas mangé *de* viande *de* mouton. — Tu es allé au côté ouest. — Nous n'*en* voulons plus deux. — *Les* deux villes murées *de* Pékin *et de* Nankin sont en Chine (*traduisez* Contrée *du* milieu). — Je n'avais plus *de* viande *de* bœuf. — Tu dis *que tu* veux manger *de la* bonne nourriture. — La dynastie Ming eut *des* hommes célèbres. — Il est venu *et* tu n'es pas parti. — Il faut d'abord *en* éliminer trois. — J'en ai acheté dix-sept. — Je ne vends plus *de* pinceaux *ni* d'encre. — Je ne puis plus *en* faire. — Il est arrivé à *la* ville capitale. — Ils ne se sont plus trompés.

VERSION 4.

沿海各大城。中華民國。他國民。大清國在先。萬里長城。各省有道有縣。是中國人。我有中國的兩個古錢。白河、黃河、長江是有名的江。他不過要四十七個大小的。你不能花錢一百二三十個。他們沒給我的。二十個大錢。你不買了了。我不。都不在南京都城。明朝有南京北京兩個京話。你們要說京話。沒有到過的地。不行咯。

LEÇON V.

Futur. Attribut et régime direct. Suffixe EÛL. Interrogation.

Règle 17: — Le verbe 要 yáo, Vouloir, Devoir, Falloir, Demander, sert d'auxiliaire pour marquer le temps futur. Ex.:

我要花錢 wò yáo houā ts'iên, Je dépenserai de l'argent.

你必要去 nì pî yáo k'iú, Tu *y* iras certainement.

他們要長了 t'ā-mēn yáo tchàng ló, Ils grandiront (voir Règ. 15, *3ème Rem.*).

1ère Remarque. 要 yáo équivaut aussi à notre verbe Aller, signifiant Etre sur le point de. Ex.:

我要給他錢 wò yáo kèi t'ā ts'iên, Je vais lui donner de l'argent.

他們要回京 t'ā-mēn yáo hoûei kīng, Ils vont retourner à la capitale (à Pékin).

2ème Remarque. L'acception de yáo, tantôt comme verbe principal (Vouloir, etc.), tantôt comme auxiliaire, est déterminée, dans la conversation, par le plus ou moins d'importance que lui donne la voix en le prononçant. Ex.:

我要死 wò YÁO ssèu, Je veux mourir; et wò yáo SSÈU, Je mourrai; Je vais mourir.

3ème Remarque. Le futur antérieur est exprimé par 要 yáo et 了 leào. Ce dernier auxiliaire est parfois répété. Ex.:

他要到了、我去 t'ā yáo táo ló, wò k'iú, *Quand* il sera arrivé, je m'en vais.

你要給了錢了 nì yáo kèi ló ts'iên ló. Tu auras donné l'argent.

Règle 18: — L'attribut ou le régime direct d'un verbe prend régulièrement place après ce verbe. Ex.:

是你、不是他 ché nì, poú ché t'ā, C'est toi, ce n'est pas lui.

必不是中國的 pî póu ché Tchŏng-kouô-tĭ, Ce n'est certainement pas chinois.

要好的 yáo hào-tĭ, Vouloir bon, Demander du bon.

寫大的 siè tá-tĭ, Ecrire gros.

說明 chouŏ mîng, Dire clair (clairement).

說話 chouŏ houá, Dire des paroles = Parler.

殺人 chā jên, Tuer quelqu'un.

Remarque. La tournure emphatique, par laquelle on attire particulièrement l'attention sur l'attribut ou le régime, consiste à énoncer celui-ci en premier lieu, c'est-à-dire en dehors de sa place naturelle. Ex. :

他、不是, t'ā, póu ché, Lui, ce n'est pas (Ce n'est pas LUI).

飯、他不能吃, fán, t'ā poú nêng tch'ē, De la nourriture, il n'*en* peut pas manger.

門、你也開了, mên, nì yè k'āi lŏ, La porte, tu *l'*as aussi ouverte.

RÈGLE 19: — Tous les substantifs peuvent, dans la langue de Pékin, s'adjoindre le suffixe 兒 eûl, qui signifie proprement Enfant, Fils, mais dont la fonction se réduit en combinaison à celle d'une marque des substantifs, impliquant parfois le diminutif. L'usage fréquent de cette terminaison est d'un parler familier ou même vulgaire.

馬 mà, Cheval, fait 馬兒 mà-eul, Cheval; Petit cheval.

狗 keòu, Chien, „ 狗兒 keòu-eul, Chien,

鳥 niào, Oiseau, „ 鳥兒 niào-eul, Oiseau,

猴 heôu, Singe, „ 猴兒 heôu-eul, Singe.

On dit de même:

口兒 k'eòu-eul, Bouche; Passage.

字兒 dzéu-eul, Caractère *d'écriture*.

花兒 houā-eul, Fleur.

頭兒 t'eôu-eul, Tête; Chef *(fig.)*.

畫兒 houá-eul, Peinture, tableau, dessin.

5e Leçon.

棗兒 tsào-eul, Jujube.
頂兒 tìng-eul, Sommet; Toit; Bouton *que les mandarins portaient sur le chapeau officiel.*

RÈGLE 20 : — Lorsqu'un mot prend le suffixe eûl, s'il se termine lui-même par n, cette consonne s'élide dans la prononciation et eul s'agglutine avec la voyelle précédente. Ex. :

人 jên, Homme,   fait 人兒 jê'eul, Homme (*familier*); Petit homme; Figurine; Poupée.
山 chān, Montagne,   " 山兒 chā'eul, Montagne (*familier*); Butte.
官 kouān, Mandarin,   " 官兒 kouā'eul, Mandarin (*familier*); Mandarinot.
眼 yèn, Œil,   " 眼兒 yè'eul, Œil; Trou.
分 fén, Part, Division, " 分兒 f'eúl, Part, Division,
信 sín, Lettre, Avis, " 信兒 sí'eul, Lettre, Avis.
今 kīn, Aujourd'hui, " 今兒 kī'eul, Aujourd'hui.

1ère Remarque. La même élision se produit pour la ou les dernières voyelles de certaines diphthongues ou triphthongues. Ex.:

孩 hâi, Enfant,   fait 孩兒 hâ'eul, Enfant.
蓋 kái, Couvrir, Couvercle, " 蓋兒 ká'eul, Couvercle.
塞 sái, Boucher, Bouchon, " 塞兒 sá'eul, Bouchon.
水 chouèi, Eau,   " 水兒 chouè'eul, Eau.
對 toúei, Paire, Couple, " 對兒 tw'eúl, Paire, Couple.
會 hoúei, Réunion, Moment " 會兒 hw'eúl, Réunion, Moment.

2ème Remarque. Il arrive parfois qu'un substantif terminé en eûl soit employé comme verbe. Ex.:

玩兒 wá'eul, Jeu; Jouet; Jouer (*de* 玩 wán, *mêmes sens*).

RÈGLE 21 :— L'interrogation peut être exprimée de deux façons:
1°. Par l'emploi de l'une des particules finales 麽 mŏ *ou* mā, 嗎 mā *ou* 嘛 mā, qui ont la fonction de notre ?, mais qui se prononcent. Ex. :

是麽 ché mŏ (*ou* mā), Est-ce? Est-ce *ainsi*? Est-ce *vrai*?

你有嗎 nì yeòu mā, *En* as-tu? *L*'as-tu?

他說是假的麼 t'ā chouŏ ché kià-tī mŏ (mā), Dit-il que c'est faux?

沒有他買的花兒嘛 mêi-yeòu t'ā mài-ti houā-eul mā, N'y a-t-il pas les fleurs qu'il a achetées?

2°. Par l'énonciation d'un fait affirmativement puis négativement. Ex.:

是不是 ché póu ché, C'est *ou* ce n'est pas? = Est-ce?

有沒有 yeòu mêi-yeòu, Y *en* a-t-il? Avez-*vous*?

小孩兒吃飯不吃 siào hâ'eul tch'ē fán póu tch'ē, Le petit enfant mange-t-il?

行不行 hîng póu hîng, *Cela* marche-t-il? (= Cela va-t-il? Cela convient-il?).

是這箇不 ché tchó-kó pōu, Est-ce ceci *ou* non?

Remarque. Toute autre alternative peut se construire de même interrogativement. Ex.:

要白的要紅的 yáo pâi-tī yáo hông-tī, Le veut-*on* blanc *ou* rouge?

三个四个 sān-kó sséu-kó, Trois *ou* quatre?

他說能作不能 t'ā chōuo nêng tsó póu nêng, Dit-il *qu'il* peut *le* faire *ou* qu'il ne *le* peut pas?

THÈME 5.

A-t-il *un* avis? — As-tu cent taëls? — Veulent-ils manger *des* jujubes? — Est-ce leur chef? — Le singe ne peut pas parler. — Elle veut deux petits oiseaux, *ou* n'en veut-*elle* pas? — A-t-il *un* cheval *ou* (a-t-il)¹) *un* chien? — Tu *en* avais donné quatre. — Y a-t-il *des* oiseaux qui puissent parler? — Tu as passé un examen *et tu* n'as pas réussi. — J'achète *et* tu vends. — Est-*ce*

---

1) Les mots placés entre parenthèses doivent être traduits en chinois, quoiqu'ils ne soient pas indispensables en français.

douze taëls *ou* (est-*ce*) quinze taëls? — *Les* petites herbes pousseront. — *Les* jujubes sont-*elles* jaunes *ou* sont-*elles* rouges? — *Dans* les paroles que j'ai dites, me suis-je trompé *ou* non?

VERSION 5.

他們兩个人沒有看書了。小魚兒都在河邊兒。水手必有頭兒。你不要冰水麼。常有信來。他能寫字不能。三个小孩兒去了、要玩兒、要回家。他沒有過病死了。有五年沒有猴兒的毛不是長的。來回要四十天不要。中國也有大湖嗎。到北京、必有二百里地。東邊兒、我不能到。過了十天、我必不去了。書、你也看。

LEÇON VI.
Composition des caractères. Clefs et phonétiques.

Les caractères chinois, si on les envisage au point de vue de leur origine et de leur formation, peuvent être répartis entre trois classes, qui comprennent:

1°. Des caractères *figuratifs*, qui étaient le dessin d'un objet. Ex.: 門 mên, Porte; 弓 kŏng, Arc; 羽 yù, Plumes; 田 t'iên, Champ; 艸 ts'aò, Herbes, Plante; 口 k'eoù, Bouche (les carrés de l'écriture moderne étaient jadis des ronds); 日 jé, Soleil, Jour; 月 yué, Lune, Mois (représentait un croissant).

2°. Des caractères *idéographiques*, qui représentaient une idée par voie de symbole. Ex.: 明 mîng, Clarté, Brillant, composé du Soleil 日 jé et de la Lune 月 yúe; 林 lîn, Forêt, Bois, composé de deux Arbres 木 moú; 好 hào, Bonté, Bon, composé des mots Femme 女 niù et Fils 子 tsèu; 中 tchōng, Milieu, image d'une cible traversée par une flèche; 忠 tchōng, Fidélité, composé du Cœur 心 sīn et du Milieu 中 tchōng; 尖 tsiēn, Pointu, composé de Petit 小 siào, en haut, et de Grand 大 tá, en bas; 仁 jên, Humanité, vertu que doivent pratiquer Deux 二 Hommes 人, à l'égard l'un de l'autre; 德 tô, Vertu, composé de Marcher 彳 tch'é avec un Cœur 心 sīn Droit 直 tchê; 兵 pīng, Arme, Soldat, composé de Hache 斤 kīn et de Deux mains 廾 kòng; 東 tōng, l'Est, Orient, formé du Soleil 日 jé, se levant au milieu des Arbres 木 moú; 西 sī, l'Ouest, Occident, symbolisé par un Oiseau (plus distinct dans l'écriture antique) sur son Nid, au moment de se coucher, quand le soleil va disparaître à l'Ouest; 下 hiá, Dessous, et 上 cháng, Dessus, expressifs par leur contraste; 一 yí, Un; 二 eúl, Deux; 三 sān, Trois.

3°. Des caractères *idéo-phonétiques*, qui sont les plus nombreux et qui sont composés d'un élément appelé *Clef* (ou *Radical*), apportant sa signification au groupe, et d'un autre appelé *Pho-*

nétique, emprunté à cause de sa prononciation. Celle-ci est parfois conservée pure dans le composé; souvent elle est modifiée. Les positions relatives de la clef et de la phonétique sont variables. Certaines clefs affectent, en combinaison, des formes spéciales, d'un tracé plus simple.

Ex.: 們 mēn, marque du pluriel, est composé de 亻, clef (variante de 人 jên, Homme), et de 門 mên, Porte, phonétique; 頭 t'eôu, Tête, est composé de 頁 yé, Tête, clef, et de 豆 teóu, Haricot, phonétique; 草 ts'ào, Plante, est composé de 艹 ts'ào, Plante, clef (variante de 艸 ts'ào, Plante), et de 早 tsào, Matin, phonétique; 堂 t'âng, Salle, est composé de 土 t'où, Terre, clef, et de 尚 cháng, Encore, phonétique; 店 tién, Boutique, Auberge, est composé de 广 yèn, Toit, clef, et de 占 tchán, S'emparer de, phonétique; 起 k'ì, Se lever, Commencer, est composé de 走 tseòu, Marcher, clef, et de 己 kì, Soi-même, phonétique; 圍 wêi, Entourer, est formé de 囗 wêi, Enclos, clef, et de 韋 wêi, Cuir, phonétique; 街 kiāi, Rue, est composé de 行 hîng, Marcher, clef, et de 圭 koūei, Tablette de jade, phonétique; 閣 kô, Pavillon, Kiosque, est formé de 門 mên, Porte, clef, et de 各 kô, Chacun, phonétique.

Les clefs ont été choisies, au nombre de 214, pour servir à classer logiquement les caractères appartenant aux trois catégories ci-dessus dans les dictionnaires, d'après leur forme et les éléments communs qu'ils contiennent. Les Européens les ont numérotées pour faciliter les recherches. Elles comprennent des caractères de 1 à 17 traits. Pour trouver un mot chinois dans un dictionnaire rangé par clefs, on doit se demander d'abord sous quelle clef il paraît devoir être classé, puis compter le nombre des traits additionnels à cette clef qu'il contient et le chercher, à la suite de celle-ci, parmi les caractères indiqués comme ayant ce nombre additionnel de traits. Ex.: 國 kouô se trouvera sous la clef 囗 wêi, qui est la 31ème, parmi les caractères ayant 8 traits additionnels à la clef; 顯 hièn sous la clef 頁 yé, 181ème, parmi les caractères ayant 14 traits additionnels, etc.

LISTE DES 214 CLEFS.

Un astérisque * précède les clefs les plus importantes, soit par elles-mêmes, soit par le nombre de leurs dérivés.

Clefs d' 1 trait.

* 1 一 yí, yī, yî, Un; Unifier; Dès que.
 2 丨 kouèn, Trait vertical.
 3 丶 tchoù, Point d'*écriture;* Flamme.
 4 丿 p'iĕ, Trait courbe descendant vers la gauche.
 5 乙 yì, Courbé.
 6 亅 kiûe, Marquer d'un crochet.

Clefs de 2 traits.

* 7 二 eúl, Deux.
 8 亠 t'eôu, (*sans signification*).
* 9 人 jên, Homme (*var.* 𠆢). [1]
 10 儿 jên, Homme qui marche.
 11 入 joú, Entrer; Rentrer.
* 12 八 pā, Huit (*var.* 丷).
 13 冂 kiòng, Confins extrêmes.
 14 冖 mí, Couvrir.
 15 冫 pīng, Glace (*eau gelée*).
 16 几 kì, Banc; Petite table.
 17 凵 k'àn, Réceptacle vide.
* 18 刀 tāo, Couteau; Sabre (*var.* 刂).
* 19 力 lí, Force.
 20 勹 pāo, Envelopper.
 21 匕 pì, Cuillère.
 22 匚 fāng, Réceptacle, panier; Carré.
 23 匸 hì, Coffre couvert.
* 24 十 chê, Dix.
 25 卜 pòu, Tirer les sorts.
 26 卩 tsiĕ, Sceau *ou* Emblème d'autorité.
 27 厂 hán, Abri humain—sous une côte rocheuse.
 28 厶 ssēu, Calcul personnel; Pervers.
 29 又 yeóu, Main; En outre.

Clefs de 3 traits.

* 30 口 k'eòu, Bouche; Embouchure.
* 31 囗 wêi *ou* houêi, Entourer; Royaume.
* 32 土 t'où, Terre (*var.* 圡).
 33 士 chê, Lettré; Soldat.
 34 夂 tchè, Venir derrière quelqu'un.
 35 夊 souēi, Marcher lentement.
 36 夕 sí, Soir.
* 37 大 tá, Grand.
* 38 女 niù, Femme; Fille.
* 39 子 tseù, Fils; Philosophe; Vicomte; *Suffixe des substantifs.*
* 40 宀 miên, Toit.

---

1) Le petit ovale indique la place ordinaire des traits additionnels.

6e Leçon.

41 寸 ts'oúen, Pouce (*mesure de longueur*).

*42 小 siǎo, Petit; Rapetisser.

43 尢 wāng, Courber la jambe (*var.* 尣0, 尢0).

44 尸 chē, Corps couché; Cadavre.

45 屮 tch'ó, Jeune pousse d'une plante.

*46 山 chān, Montagne.

47 巜 *ou* 川 tch'ouǎn, Cours d'eau.

*48 工 kōng, Equerre; Ouvrier; Travail.

49 己 kǐ, Soi-même.

*50 巾 kīn, Mouchoir; Coiffure.

51 干 kān, Tronc; Bouclier; Contrevenir à.

52 幺 yāo, Petit.

*53 广 yèn, Toit.

54 廴 yìn, Longue marche.

55 廾 kòng, Joindre les deux mains.

56 弋 yí, Atteindre avec un projectile.

*57 弓 kōng, Arc; Mesure de 5 pieds.

58 彐 kí, Groin (*var.* 彑, 彐).

59 彡 chān, Ornements en plumes.

*60 彳 tch'é, Pas, marche.

(忄0, 忄0 *variantes de* 61; 扌0 *de* 64; 氵0 *de* 85; 犭0 *de* 94; 阝0 *de* 163; 阝0 *de* 170).

Clefs de 4 traits.

*61 心 sīn, Cœur, Esprit (*var.* 㣺, 忄0, 忄0).

62 戈 kō, Lance à crochet.

*63 戶 hoú, Porte à un vantail; Famille.

*64 手 cheòu, Main (*var.* 扌0).

65 支 tchē, Branche; Payer; Soutenir.

*66 攴 p'oū, Frapper légèrement (*var.* 0攵).

67 文 wên, Signe; Littérature; Civil (*var.* 0攵).

68 斗 teòu, Boisseau.

69 斤 kīn, Catti *ou* Livre chinoise; Hache.

*70 方 fāng, Carré; Côté; Lieu; Alors.

71 无 wôu, Ne pas avoir (*composés:* 0旡).

*72 日 jé, Soleil; Jour; Quotidien (*var.* 日0).

73 曰 yuē, Dire.

*74 月 yué, Lune; Mois; Mensuel.

*75 木 moú, Arbre; Bois.

*76 欠 k'ién, Manquer; Devoir.

*77 止 tchè, S'arrêter; Arrêter; Seulement.

78 歹 tài, Os fracturé; Mal (*var.* 歹0 *et* 歺0).

79 殳 chōu, Bâton; Frapper.

80 毋 wôu, Ne pas; Empêcher.

81 比 pì, Comparer; Comparativement à.
82 毛 mâo, Poil; Plumes.
83 氏 ché. Famille.
84 气 k'í, Air; Vapeur.
*85 水 choùei, Eau; Liquide (var. 氵 et 氺).
*86 火 houò, Feu (var. 灬 et 灬).
87 爪 tchào, Griffe (var. 爫).
*88 父 foú, Père.
89 爻 yâo, Entremêler.
90 爿 ts'iâng, Moitié gauche de 木, Bois.

91 片 p'iên, Moitié droite de 木; Morceau; Carte.
92 牙 yâ, Dent, *canine ou molaire*.
*93 牛 nieôu, Bœuf, vache, taureau.
*94 犬 k'iuàn, Chien (var. 犭).
(尣 *var. de* 尢 43; 王 ' *var. de* 玉 96; 礻 *var. de* 示 113; 罒 *et* 罓 *var. de* 网 122; 耂 *var. de* 125; 月 *var. de* 肉 130; 艹 *var. de* 艸 140; 辶 *var. de* 辵 162).

THÈME 6.

Ont-ils vu mon petit couteau ? — *Il* ne dépasse pas *la* longueur *de* trois pouces. — J'*en* avais acheté une paire. — *Au* cœur *de la* main, il y a *des* signes. — *Sur* le tableau, il y a *des* dragons à cinq griffes. — *Les* dents du bœuf ne sont pas longues. — *Les* deux petits enfants, en outre, ne peuvent plus parler. — Faut-il d'abord quatre tasses *à* thé *ou* n'*en* faut-il pas ? — A-t-il mangé *des* figues *ou* mangé *des* jujubes ? — Vos fleurs sont entièrement jolies. — Ne sont-ce pas *de* grands chrysanthèmes jaunes ? — *Les* soldats n'ont-*ils* plus *d'*arcs ? — Il peut certainement faire deux bouchons. — Tu n'écris pas souvent *de* lettres *pour* demander *de* l'argent. — Je dis *que* tu ne veux que trois parts. — Un catti a seize onces.

VERSION 6.

我的小刀沒有尖頭兒了。是他的一个小牙不是。你要四寸要五寸的。長的八寸長又要四方的兩三個。得他們四川省有好店麽。他們都要去我不能。草木沒長了。上下都有水。天文他們六個人都是小工不是。你的手不大。我們的兵沒有弓了。兩箇不能比了。他們不要作馬牛。沒見你的手巾。海口湖心河邊。必要寫年月又要寫人名。

LEÇON VII.
Clefs (Suite).
LISTE DES 214 CLEFS (Suite).

Clefs de 5 traits.

95 玄¹) hiuân, Noir, obscur.

*96 玉 yú, Jade (var. 王0).

97 瓜 kouā, Courge, melon.

98 瓦 wà, Ouvrage de terre cuite; Tuile.

99 甘 kān, De saveur douce.

*100 生 chēng, Naître; Vivre; Produire, procréer; Cru.

*101 用 yóng, Employer; Emploi, usage; Moyennant.

*102 田 t'iên, Champ; Rizière.

103 疋 p'ì, Pièce d'étoffe. Prononcé choû, Pied (var. 疋0).

*104 疒 ní, Maladie.

105 癶 pǒ, Pieds divergents.

*106 白 pǒ, pâi, Blanc; En vain; Gratis.

107 皮 p'î, Peau; Fourrure; Enveloppe.

108 皿 mǐn, Vase, plat, assiette.

*109 目 moú, Œil (var. 罒).

110 矛 mâo, Longue lance à crochet.

111 矢 chè, Flèche.

*112 石 chê, Pierre.

*113 示 ché, Pronostic céleste; Montrer (var. 礻0).

114 禸 jeòu, Pieds de quadrupède foulant le sol.

*115 禾 hô, Céréales.

116 穴 hiûe, Caverne, trou.

117 立 lí, Se tenir debout; Dresser; Etablir; Aussitôt.

(氺 var. de 水 85; 罒 var. de 目 109 ou de 网 122; 歺0 et 歹0 var. de 歹 78; 礻0 var. de 145).

Clefs de 6 traits.

*118 竹 tchoû, Bambou (var. ⺮).

*119 米 mì, Riz *cru*.

*120 糸 mí, Fil de soie.

121 缶 feòu, Vase d'argile; Jarre.

122 网 wàng, Filet (var. 网, 罒, 冈 et 罓).

*123 羊 yâng, Mouton, chèvre.

*124 羽 yù, Longues plumes; Ailes.

---

1) Ce caractère faisait partie du nom personnel de l'empereur K'āng-hī (1661—1722) et était remplacé par la forme incomplète 玄 ou entièrement évité, en témoignage de respect, sous son règne et celui de ses successeurs, jusqu'a l'avènement de la République en Chine (1912).

7e Leçon.

*125 老 lào, Vieux (var. 耂).
126 而 eûl, Et; Cependant.
127 耒 lèi, Charrue.
*128 耳 eûl, Oreille.
129 聿 yú, Pinceau *à écrire*.
*130 肉 jeóu, Chair, viande (*var.* 月0).
131 臣 tch'ên, Ministre; Sujet.
132 自 tséu, Soi-même; De, depuis; Naturellement.
133 至 tché, Arriver; Extrêmement, extrémité.
134 臼 kieóu, Mortier.
*135 舌 chô, Langue.
136 舛 tch'ouàn, Erreur.
137 舟 tcheóu, Navire.
138 艮 kén, Opiniâtre; Difficile.
*139 色 só, chài, chó, Couleur; Luxure.
*140 艸 ts'ào, Herbe, plante (*var.* 艹).
141 虍 hôu, Rayures de la peau du tigre.
*142 虫 hoūei, Insectes; Reptiles.
143 血 hiùe, hiè, Sang.
*144 行 hîng, Marcher; Aller, convenir. **Hâng**, Rangée.
*145 衣 yī, Vêtement (*var.* 亠 et 衤0).
146 襾 hiá, Couvercle; Couvrir.

Clefs de 7 traits.

*147 見 kién, Voir; Percevoir; Opinion, vues.
148 角 kiāo, kiào, kiuê, kiô, Corne; Angle.
*149 言 yên, Dire; Parole.
150 谷 koù, Vallée, ravin, torrent.
151 豆 teóu, Pois; Haricot; Vase *à viande*.
152 豕 chè, Porc.
153 豸 tchái, tché, Animaux rampants; Félins.
*154 貝 péi, Cauris, coquillages *qui servaient de monnaie*.
155 赤 tch'é, Rouge.
*156 走 tseòu, Marcher; S'en aller, partir; Parcourir.
*157 足 tsôu, Pied; Suffire (*var.* 𧾷0).
158 身 chēn, Corps.
*159 車 tch'ō, kiū, Voiture, char.
160 辛 sīn, Amer; Pénible.
161 辰 tch'ên, Moment, heure; Astre.
*162 辵 tchô, Tantôt marcher et tantôt s'arrêter (*var.* 辶0).
*163 邑 yí, Ville; Région; Sous-préfecture (*var.* 0阝).
164 酉 yeòu, *Nom d'heure chinoise* (de 5 à 7 h. du soir).
165 釆 pién, Discerner.
166 里 lì, Village; Li, *mesure itinéraire* (¹/₂ km. env.) (镸0 *var. de* 168).

Clefs de 8 traits.

*167 金 kīn, Or, métal; Doré.
168 長 tch'âng, Long. **Tchàng**, Pousser, croître (*var.* 镸).
*169 門 mên, Porte *à deux vantaux*.
*170 阜 feóu, foú, Abondance; Colline (*var.* 阝).
171 隶 tái, Atteindre.
*172 隹 tchoūei, Oiseau *à courte queue*.
*173 雨 yù, Pluie. **Yú**, Pleuvoir (*var.* 雩).
174 青 ts'īng, Vert; Bleu; Noir.
175 非 fēi, Ne pas être; Tort; A moins que.

Clefs de 9 traits.

*176 面 (ou 靣) mién, Visage; Face, surface.
*177 革 kô, Cuir *non tanné*; Supprimer; Destituer.
178 韋 wêi, Opposition; Cuir *tanné*.
179 韭 kieòu, Poireau.
180 音 yīn, Son, bruit.
*181 頁 yé, Tête; Page, feuillet.
*182 風 fōng, Vent; Tradition, usages.
*183 飛 fēi, Voler *avec des ailes*.
*184 食 chê, Manger. **Sséu**, Nourrir (*var.* 飠).
185 首 cheòu, Tête; Premier.
186 香 hiāng, Parfum; Parfumé; Sentir bon.

Clefs de 10 traits.

*187 馬 mà, Cheval.
*188 骨 kôu, koù, Os.
*189 高 kāo, Haut, hauteur.
190 髟 piāo, Cheveux longs et pendants.
191 鬥 teóu, Combattre; Lutte.
192 鬯 tch'áng, Liqueur aromatique *offerte aux esprits*.
193 鬲 lí, kô, Trépied.
*194 鬼 kouèi, Revenant; Démon, diable.

Clefs de 11 traits.

*195 魚 yû, Poisson.
*196 鳥 niào, Oiseau *à longue queue*.
197 鹵 loù, Sel; Terrain salé.
198 鹿 lóu, Cerf; Cervidés.
*199 麥 mái, Blé.
*200 麻 mâ, Chanvre.

Clefs de 12 traits.

*201 黃 houâng, Jaune.
202 黍 choù, Millet à panicules.
*203 黑 hēi, hó, Noir.
204 黹 tchè, Broderie; Broder.

Clefs de 13 traits.

205 黽 mìn, Grenouille; Crapaud.
206 鼎 tìng, Trépied, *vase précieux*.

7e Leçon.

207 鼓 koù, Tambour.
*208 鼠 choù, Rat; Rongeurs.

Clefs de 14 traits.

*209 鼻 pî, Nez.
210 齊 ts'î, Assembler; Se réunir; De même niveau.

Clef de 15 traits.
*211 齒 tch'è, Dent; Incisives; Age.

Clefs de 16 traits.
*212 龍 lóng, Dragon.
213 龜 ¹) koūei, Tortue.

Clef de 17 traits.
214 龠 yúe, yáo, yó, Flûte.

Remarque. Il arrive parfois qu'une ressemblance graphique a fait attribuer à une clef un caractère qui n'en dérive pas et qui peut même compter un nombre inférieur de traits. Tel est le cas de 王 wâng, Roi, Prince, classé sous la clef du Jade, 玉 yú (96), qui a un trait de plus. Dans la plupart des composés groupés sous ce radical, qui tous se rapportent à l'idée du Jade ou des Pierres précieuses, c'est d'ailleurs la variante 𤣩 yú qui apparaît comme clef. Le mot 才 ts'âi, Talent, est classé, de même, par analogie graphique, sous la clef de la Main, 手 ou 扌 cheòu (64). Les caractères 由 yeòu, Suivre, De (provenance), 甲 kià, Cuirasse, et 申 chēn, Exposer, Développer, figurent à la suite de la clef 田 t'iên, Champ (102), sans avoir avec elle aucun rapport d'étymologie. 刁 tiāo, Méchant, groupe moderne, est rangé sous 刀 tāo, Couteau. Au radical 毋 woù, Ne pas (80), ont été attribués 母 moù, Mère, 每 mèi, Chaque, et 毓 yú, Nourrir. D'autre part, 西 sī, l'Occident, doit être cherché à la suite de 襾 hiá, Couvrir (146), et 采 ts'àï, Choisir, Recueillir, sous 釆 pién, Distinguer (165). Ces anomalies de classement rendent nécessaire de recourir, de temps à autre, à la Table des caractères difficiles à trouver, dont nos dictionnaires par clefs sont toujours pourvus.

---

1) Il est à remarquer que, dans le caractère 龜 koūei, Tortue, l'élément ㄴ ne constitue qu'un seul trait, tandis qu'on en compte trois, ㄧㄴ, à gauche de 黽 mìn, Grenouille, Crapaud (Clef 205).

7ᵉ Leçon.

THÈME 7.

Aujourd'hui, il n'y a plus *de* vent. — Nous n'employons que *de l'*eau pure *et* ne voulons plus *d'*eau parfumée. — *Sur les* hautes montagnes, il y a *des* oiseaux de toutes couleurs. — Avez-vous vu ses poissons noirs? — *Le* chanvre a *de* grands usages. — *Le* cheval que tu as acheté est-*il* blanc ou (est-*il*) brun (*traduisez* rouge)? — Je veux m'en aller *et* ne reviendrai pas *à la* maison. — *Les* oiseaux volent: je n'ai pas *de* voiture, *je* marcherai. — N'avez-vous pas *de* vêtement *de* pluie? — *La* couleur *de* son visage n'est pas blanche. — *Quand on* est *du* côté ouest, *on* ne voit *ni les* montagnes *ni la* forêt. — Dessus et dessous, c'est entièrement grossier. — *La* lune brillante est *dans le* ciel. = *La* pierre produit *le* feu. — *Le* (vieux) rat mange-*t-il* aussi *de la* viande?

VERSION 7.

我得用紅紙寫信。他說不要金魚了。我們能用黃豆作油。中國有飛鼠皮。有大風、又有雨了、又要見高山。黑的麼。青草。水面沒這个是他們的不箇都是老人。小車不好用。能吃好牛肉、羊肉、又沒有我們買的又三斤、要四斤了。不要先說。斤、不好過我每看他過五六個月必要走人有身有血、有手有足。骨肉。是牛角作的。好面色。

LEÇON VIII.

Phonétiques. Oui et Non. Verbes impersonnels.

Caractères servant de phonétiques.

Les caractères qui entrent en composition avec les clefs à titre de phonétiques sont au nombre de plus de 800. L'incertitude qui existe quant à la prononciation exacte que ces caractères ont fait adopter pour leurs composés en rend inutile l'étude méthodique, parallèlement à celle des clefs. Si nous prenons pour exemple le mot 工 kŏng, nous constatons, en effet, qu'il entre dans les combinaisons suivantes, auxquelles sont attachées des prononciations n'offrant entre elles qu'une similitude restreinte : 功 kŏng, Mérite ; 扛 k'áng, Porter à l'aide d'un bâton ; 攻 kŏng, Attaquer ; 江 kiāng, Fleuve, Rivière ; 空 k'ōng, Vide, Creux ; 紅 hŏng, Rouge ; 缸 kāng, Jarre ; 虹 hŏng *ou* káng, Arc-en-ciel ; 貢 kóng, Tribut ; 項 hiáng, Espèce, Paragraphe.

L'examen d'un dictionnaire chinois-européen dans lequel les mots chinois sont rangés par sons montrera suffisamment, à l'usage, par quels groupes simples ces sons se trouvent le plus souvent représentés dans des caractères plus compliqués. Voici quelques-uns des primitifs qui forment des familles phonétiques importantes :

Fang:	方	kiao:	变	ling:	令	p'iao:	票
fou:	弗	king:	巠	louen:	侖	tan:	旦
houai:	裏	ko:	各	nao:	囟	tchou:	主
houan:	睘	lan:	闌	ngo:	我	teou:	斗
kan:	干	leou:	婁	pa:	巴	ting:	丁
ki:	己	li:	里	po:	白	ts'ing:	青

Un grand nombre de caractères compris parmi ceux qui ont été désignés comme clefs ont, non seulement ce rôle, mais aussi, dans d'autres combinaisons, la fonction de phonétiques. L'usage seul peut permettre de distinguer entre ces deux acceptions. Dans 只 tchè, Seulement, 合 hŏ, Unir, Equivaloir à, 吐 t'où,

Exhaler, Vomir, 和 hô, Concorde, 同 t'ông, Semblable, Avec, 史 chè, Historien, Histoire, la clef est 口 k'eòu, Bouche (30), et la position de celle-ci diffère dans tous ces mots. Au contraire, dans 扣 k'eóu, Frapper, Retenir, et 釦 k'eóu, Bouton, cette clef devient phonétique, adjointe aux radicaux 扌 (64) et 金 (167).

Dans 閂 chouān, Barre fermant une porte, et dans 閘 tchâ, Ecluse, la clef est 門 mên, (169); mais 問 wén, Interroger, 悶 mén, Tristesse, et 聞 wên, Ecouter, Sentir, Entendre, ont le même élément comme phonétique, tandis que leurs clefs sont logiquement celles de la Bouche (口 30), du Cœur, (心 61) et de l'Oreille (耳 128). Le sens et la prononciation ont déterminé le classement et non une disposition particulière des éléments graphiques. Il est logique aussi que 岡 kāng, Sommet de montagne, se trouve sous la clef 山 (46); sa phonétique est 网 wàng, variante de 网, Filet, qui est aussi la clef 122.

Toutefois, cette méthode n'a pas été appliquée rigoureusement par les auteurs chinois qui ont arrêté, depuis le commencement du XVIIe siècle, la répartition des caractères sous les 214 clefs. L'élément indicatif du sens aurait dû être, de façon invariable, choisi comme facteur de classement et non la phonétique ou le groupe additionnel de traits. Cependant 到 táo, Arriver, Aller à, figure sous la clef 刂 (var. de 刀 18), qui est véritablement ici phonétique, tao, et non sous 至 tché, Arriver, qui apporte au groupe sa signification et devrait être radical. Il existe un certain nombre de ces erreurs de classement, parmi lesquelles on peut compter 叩 k'eóu, Prosterner sa tête, dont la phonétique est 口 k'eòu, et aussi la presque totalité des mots groupés sous les clefs 青 ts'īng (174) 麻 mâ (200) et 齊 ts'î (210).

RÈGLE 22: — Dans une réponse, Oui ou Non sont généralement exprimés, en chinois, par le verbe, affirmatif ou négatif, ou la locution verbale qui ont été employés dans la demande. Ex.:

是不是你的 ché poú ché nì-ti, Est-ce le tien (ou à toi)?
Rép.: 是 ché, Oui; *ou* 不是 poú ché, Non (*litt.*: C'est, *ou* Ce n'est pas).

8e Leçon.

車走了沒有 tch'ō tseoù ló mêi yeoù, La voiture est-elle partie? *Rép.*: 走了 tseòu ló, Oui (*litt.: Elle* est partie); *ou* 沒有 mêi yeòu, Non (*litt.: Elle* n'est pas *partie*).

他要吃魚麽 t'ā yáo tch'ē yû mŏ, Veut-il manger du poisson? *Rép.*: 要 yáo, Oui (*litt.*: Il veut); *ou* 不要 poú yáo, Non (*litt.*: *Il* ne veut pas).

行嗎 hîng mā, Cela convient-il? *ou* Cela va-t-il? *Rép.*: 行 hîng, Oui; *ou* 不行 poú hîng, Non.

1ère Remarque. La réponse affirmative la plus fréquente est naturellement formulée par le verbe Etre; ce qui fait de 是 ché, C'est, et de 不是 poú ché, Ce n'est pas, des équivalents usuels de nos mots Oui et Non; mais on ne doit généralement pas les employer en réponse à un autre verbe. A cette phrase: 你見不見他 nì kién poú kién t'ā, Le vois-tu? on répondra donc: 見 kién, Oui (*Je le* vois), *ou* 不見 poú kién, Non (*Je ne le* vois pas), et non 是 ché, C'est, ou 不是 pŏú ché, Ce n'est pas.

2ème Remarque. Un inférieur ou un domestique répond à un appel ou à une question par le mot 喳 tchā, Voilà! Oui!, particule dépourvue de sens propre. 不 poū est parfois employé seul pour Non. Ex.: 要錢不 yaó ts'iên poū, Veux-*tu de l'*argent *ou* non? *Rép.*: 我不 wŏ poū, Moi, non.

RÈGLE 23: — Un grand nombre de verbes chinois peuvent être employés d'une façon impersonnelle. On en a déjà vu des exemples: 是 ché, Il est, C'est; 有 yeoù, Il y a; 沒有 mêiyeòu, Il n'y a pas; 要 yáo, Il faut, etc. On dit de même, dans le langage familier:

行 hîng ou 行了 hîng ló, Cela va; C'est bien.

不能 poú nêng, Il ne se peut pas que; Il est impossible que; C'est impossible.

不行 poú hîng, (*Cela* ne marche pas) Cela ne va pas, *ou* Cela ne convient pas, *ou* Cela ne se peut.

不用 póu yóng *ou* póu'ng, Il est inutile de *ou* que; C'est inutile.

不錯 póu ts'ó, (Cela n'est pas erroné) C'est juste.

不妨 póu fāng, (Ne pas empêcher) Rien n'empêche de ou que.

彀 (ou 夠, 鉤 ; *vulgt.* 勾) 了 kéou ló, Il suffit ; Assez ! C'est bien !

罷了 pá leào, (Cessé) C'est fini ; Assez !

可是 k'ŏ ché, (Pouvoir être) C'est que (*restrictif*) ; Cependant, mais.

不可 póu k'ŏ, Il n'est pas permis *ou* possible de.

不必 póu pî, Il n'est pas nécessaire de.

可惜 k'ŏ sĭ, (Pouvoir regretter) Il est à regretter que ; Hélas !

下雨 hiá yù, Il tombe de la pluie ; Il pleut.

打雷 tà lêi, (Frapper-tonnerre) Il tonne.

不礙 (ou 得) 事 póu ngái ché, Cela ne gêne pas l'affaire ; Cela ne fait rien.

不要緊 póu yáo-kìn, (Il n'est pas important) N'importe ; Cela ne fait rien.

賣了十个 mái ló chê kó, Il s'*en* est vendu dix.

剛來了一个苦力 kāng lâi ló yí-kó k'où-lí, A l'instant, il est venu un couli.

走了三 tséou ló sā (*familier pour* sān), Il *en* est parti trois.

作着五个 tsó-tchô woù-kó, Il s'*en* fait cinq ; On est en train d'en faire cinq.

不論是他的不是 póu louén ché t'ā-ti póu ché, N'importe (*litt.* : On ne discute pas) si c'est le sien ou non.

不拘有沒有 póu kiū yeoù mêi yeòu, N'importe (*litt.* : On n'insiste pas) s'il y en a ou non.

THÈME 8.

S'il doit tonner, *cela* n'importe pas : nous retournerons *à la* maison. — C'est juste ; mais je n'ai pas *de* vêtement *de* pluie. — Est-ce ta grande voiture ? Non ; c'est *la* petite. — *A l'entrée de la* grande salle, y a-t-il quelqu'un ? Non. — *Du* côté *de l'*ouest,

8e Leçon.

y a-t-il aussi *une* auberge? Oui, mais petite. — N'importe *si* c'est toi *ou si* c'est lui; il y a certainement quelqu'un *qui l'*a vu. — C'est *vrai*; il est inutile de dire *des* paroles fausses. — *Les* deux tasses *à* thé ont-elles (entièrement) *des* couvercles? Non; il y *en* a seulement une *qui* ait *un* couvercle. — N'est-il pas nécessaire *de* lui demander *s'il* a *des* chrysanthèmes *ou* non? Non. — Il y a *les* tiens: cela suffit. — Hélas! je n'*en* ai plus; cependant, il m'*en* donnera. — *Les* fleurs ne sont plus parfumées; il n'est plus utile *de les* lui donner *à* sentir. — N'importe; il *les* regardera. — C'est un homme de grand talent. — Est-ce *la* nourriture que tu manges, chaque jour? Oui; mais je n'*en* veux plus.

VERSION 8.

他去不去、都不要緊。
不用打人,下雨不下。不,不下了。不可殺人、又到
北京有三百里地麼。沒有、不過二百
八十五里地。你用黃豆能作油
能。不行、不勾了三斤、不夠不妨又買
兩。要走、不用了。
個、我都要給他吃。
了、又要來二十三个。
二箇人的頭兒麼。不是。你是他們都
開了沒有。你不常見他麼。
常見。我剛給你的錢都花了沒有。
都花了。我要嗎喀要、必得用錢了。

LEÇON IX.

Pronoms et adjectifs interrogatifs et démonstratifs et adverbes similaires.

誰 chouêi *ou* chêi, Qui? *parfois* Quelqu'un, Qui que ce soit, Quiconque, Celui qui, Tel qui.

什麽 chê-mō, *ou* 甚麽 chén-mō, Que? Quoi? Quoi! Quel, le, s., *aussi* Quelque, Quelque chose, Quoi que ce soit, Quelconque.

什麽个 chê-mō-kó, *ou* 甚麽个 chén-mō-kó, Quel, le? Quelque, D'une certaine sorte.

爲什麽 wéi chê-mō, Pour quoi? Pourquoi? Pourquoi.

怎麽 tsèn (*ou* tsèng)-mō, Quoi? Quoi! Comment? Comment! Tel, Quelque; Comment, Comme.

怎麽个 tsèn (*ou* tsèng)-mō-kó, Quel? Tel, Quelque; Quel, le.

怎麽樣 tsèn (*ou* tsèng)-mō-yáng, De quelle manière? Comment? De quelle *ou* quelque manière; Comment, Comme.

怎麽着 tsèn (*ou* tsèng)-mō-tchô, *id.*

這 tchó, tché *ou* tchéi, Ceci; Celui-ci, celle-ci, ceux-ci; Ce...-ci, cette...-ci, ces...-ci; Ici.

這一个 tchó-yí (*ou* tchéi)-kó, Ce...-ci, cet, te...-ci; Celui-ci, celle-ci; L'un (*de deux*).

這个 tchó-kó, *Id.*, Ceci.

這些 tchó-siē, 這些个 tchó-siē-kó, Ceux-ci, celles-ci; Ces...-ci; Ces quelques...-ci.

這麽 tchó-mō, Ainsi, De cette manière-ci; Tel, le; Aussi, comme ceci.

這麽个 tchó-mō-kó, Un.... de cette manière-ci, Un tel...

這麽些个 tchó-mō-siē-kó, Tant, Autant de.... que ceci.

這麽大 tchó-mō tá, Aussi grand que ceci, Grand comme ceci.

這麽多 tchó-mō toūo, Autant que ceci.

9ᵉ Leçon. 47

這樣 tchó-yáng, ⎫
這一樣 tchó-yí-yáng *ou* tchéi-yáng, ⎬ Cette manière-ci, Ainsi,
這麼樣 tchó-mŏ-yáng, ⎪ Comme ceci, Tel, le.
這麼着 tchó-mŏ-tchô, ⎭

這兒 tchó-eul *ou* tché-eul, ⎫ Ici, Dans ceci.
這裏 tchó-lì *ou* tché-lì, ⎭

那 ná, Cela; Celui-là, celle-là, ceux-là; Ce, cet, ces...-là; Là.

那一个 ná-yí-kó, *ou* nái-kó, Ce, cet, cette...-là; Celui-là, celle-là; L'autre (*de deux*).

那个 ná-kó, *id.*; Cela.

那些 ná-siē, ⎫ Ceux-là, celles-là; Ces....-là; Ces quel-
那些个 ná-siē-kó, ⎭ ques...-là.

那麼 ná-mŏ, Ainsi, De cette manière-là; Tel, le; Aussi, comme cela.

那麼个 ná-mŏ-kó, Un tel...; Un... de cette manière-là.

那麼些个 ná-mŏ-siē-kó, Tant, Autant de.... que cela.

那麼大 ná-mŏ tá, Aussi grand que cela, Grand comme cela.

那麼多 ná-mŏ toŭo, Autant que cela.

那樣 ná-yáng, ⎫
那一樣 ná-yí-yáng, *ou* nái-yáng, ⎬ Cette manière-là, Ainsi,
那麼樣 ná-mŏ-yáng, ⎪ Comme cela, Tel, le.
那麼着 ná-mŏ-tchô, ⎭

那兒 ná-eul, ⎫ Là, Dans cela.
那裏 ná-lì, ⎭

那 nà, Quel, le, s? Lequel, laquelle, lesquels? Où? *et les mêmes mots au positif.*

那个 nà-kó, Quel? Lequel? Quel; Lequel; Quel que ce soit.

那一个 nà-yí-kó *ou* nài-kó, *id.*

那些 nà-siē, ⎫ Quels? Lesquels? Quels; Lesquels.
那些个 nà-siē-kó, ⎭

那麼 nà-mŏ, Comment? Comment, comme.

那麼个 nà-mŏ-kó, Un... comment? Quel? Quel; Un de quelle manière.

那麼些个 nà-mŏ-siē-kó, Combien de...? Combien.

那麼大 nà-mŏ tá, $\frac{\text{Comment}}{\text{combien}}$ grand?

那麼多 nà-mŏ touŏ, Combien? Quelle quantité?

那樣 nà-yáng,

那一樣 nà-yí-yáng, *ou* nài-yáng,

那麼樣 nà-mŏ-yáng,

那麼着 nà-mŏ-tchŏ,

} Quelle manière? Comment? Comment; Comme.

那兒 nà-eul,

那裏 nà-lì,

} Où? Où; Où que ce soit, Quelque part.

多 touŏ, Beaucoup; Combien? Combien! Combien; Et plus.

多少 touŏ-chào, Beaucoup $\frac{et}{ou}$ peu; Une certaine quantité; Combien? Combien.

多兒 touŏ-eul, *ou* 多少兒 touŏ-chào-eul, Combien? Combien.

多大 touŏ tá, Combien grand? Combien grand! Combien grand.

多麼 touŏ-mŏ, Combien? Combien! Combien.

多時候兒 touŏ-chê-h'eûl (*pour* heôu-eul) Quand? Quand; A quel moment.

多候兒 touŏ-h'eûl, id. (*abréviation du précédent*).

多喒(偺 *ou* 咱) touŏ-tsân, Quand? Quand (tsân, *abréviation de* 早晚 ts*à*o-wàn, Matin *ou* soir).

幾 kì, Combien de? Combien de (*suivi du pluriel, impliquant moins de dix*); Quelques, plusieurs (*moins de dix*).

幾个 kì-kó, Combien? Quelques, Quelques-uns, plusieurs (*id.*).

幾十 kì-chê (*avec ou sans* 个 kó), Combien de dizaines? Quelques dizaines, plusieurs dizaines.

十幾 chê-kì (*avec ou sans* 个 kó), Dix et combien? Dix et quelques.

幾時 kì-chê, A quel moment? Quand? Quand.

好幾 hào-kì, *ou* 好些 hào-siē (*avec ou sans* 个 kó) Bien des.

9ᵉ Leçon.

樣 yáng *ou* 樣子 yáng-dzeu, Forme, Modèle, Manière, Façon, Sorte.

着 (*ou* 著) tchô, tchouô, tchâo, Effectuer; Atteindre; Toucher.

些 siē, Quelques, Un peu de.

裏 (*ou* 裡) lì, Intérieur, Dedans.

少 chào, Peu; Moins; Manquer.

爲 wéi, Etre pour; Pour, A cause de.

很 (*ou* 狠) hèn, Très, Extrêmement.

RÈGLE 24 : — Les pronoms, adjectifs ou adverbes interrogatifs qui précèdent doivent, s'ils sont employés au positif avec une négation, être traduits en français par les mots Personne, Aucun, e, Nul, Rien, Guère.... Ex.:

沒有什麽人 mêi-yeòu chê-mŏ jên, Il n'y a aucun homme, *ou* personne.

你不用什麽 nì poú yóng chê-mŏ, Tu n'emploies rien (*ou* Tu n'as besoin de rien).

沒在ᶜ那¹)兒 mêi tsái nà-eul, Il n'était nulle part.

ᶜ那兒沒有什麽 nà-eul mêi-yeoù chê-mŏ, Il n'y a rien nulle part.

他也沒有幾个 tʻā yè mêi-yeoù kì-kó, Il n'*en* a guère non plus.

RÈGLE 25 : — La langue chinoise répète souvent le même mot là où nous employons des corrélatifs. Ces derniers sont, d'ailleurs, parfois sous-entendus, en français. On dit, en chinois : „Il aime quoi, je lui donne quoi", pour „Je lui donne ce qu'il aime", 他愛什麽、我給他什麽 tʻā ngái chê-mŏ, wò kèi tʻā chê-mŏ. Autres exemples :

誰要誰吃 chouêi yáo chouêi tchʻē, Qui *le* veut *le* mange.

有ᶜ那兩个、用ᶜ那兩个 yeoù nà leàng-kó, yóng nà leàng-kó, Employer les deux qu'il y a.

---

1) On peut marquer les tons des caractères de la façon suivante: 1ᵉʳ ton, ₍☐; 2ⁿᵈ ☐₍; 3ᵉ ᶜ☐ et 4ᵉ ☐ᵓ.

'那兒有橋、'那兒過河 nà-eul yeòu k'iâo, nà-eul kouó hô, Passer la rivière là où il y a un pont.

你說怎麼樣、我要買怎麼樣 nì chouō tsèng-mō-yáng, wò yáo mài tsèng-mō-yáng, Je l'achèterai tel que tu le dis.

他多喒要、我們多喒給 t'ā touŏ-tsân yáo, wò-men touŏ-tsân kèi, Nous le donnerons, quand il le voudra.

RÈGLE 26 : — Si la phrase se termine par une particule interrogative, les mots de la catégorie ci-dessus ont la valeur positive. Ex. :

你有什麼事麼 nì yeoù chê-mō ché mō, As-tu quelque affaire ? (*et non*: Quelle affaire as-tu ?)

他沒到'那兒嘛 t'ā mêi táo nà-eul mā, N'est-il pas allé quelque part ?

有幾百个嗎 yeòu kì-pài-kó mā, Y en a-t-il plusieurs centaines ?

RÈGLE 27 : — Les adjectifs démonstratifs, interrogatifs ou numéraux peuvent être, à la fois, précédés et suivis de qualifications des noms auxquels ils se rapportent. Ex. :

喝茶的那一个老人 hō-tch'â-ti nái-kó lào jên, Ce vieil homme-là, qui boit du thé.

寫字的那兩个小孩子 siè-dzéu-ti ná leáng-kó siào hâi-dzeu, Ces deux petits enfants qui écrivent (*Avec* 那 nà : Quels deux petits enfants qui écrivent ? *ou* Deux petits enfants quelconques, qui écrivent).

沒有見過的這麼四五个狠高的樓 mêi-yeòu kién-kouó-ti tchó-mō sseú-woù-kó hèn-kāo-ti leôu, Quatre ou cinq très hauts pavillons (*ou* tours), comme ceci, qu'on n'avait jamais vus.

9ᵉ Leçon.

THÈME 9.

Quelle porte faut-il ouvrir? — Je dis *qu*'il ne peut pas ouvrir celle-ci. — *La* Chine n'a pas *de* poissons de cette sorte-là *ni* d'oiseaux de cette sorte-ci. — Je n'*en* ai pas vu *d*'aussi gros. — Ces hommes-ci n'ont pas *la* bonté *de* celui-là. — Comment fais-tu ceci? — Je ne puis pas dire comment. — *S'il en est* ainsi, il mangera ces deux-là. — Je n'en achèterai aucun. — Nous ferons telles affaires qu'il aura dit *de* faire. — Aujourd'hui, je n'*en* ai plus acheté autant. — Pourquoi ne dis-tu pas combien il en faut? — Il en manque certainement quelques-uns. — Faut-il aussi parler ainsi? — C'est très petit; en outre, combien joli!

VERSION 9.

我沒到過那兒。又不能說多候兒要去。這裏有三十多個人沒有。必不到三十多個。是那个要說話。你為什麼不去那個、他們沒有看什麼書嘛。誰不能作。這樣的花兒、賣多少過、你得買幾箇給我了。錢。我必先問賣花兒的那幾個小孩兒。是幾个銅錢賣的。這裡有大河、那裡有高山、是那裡好看。我好幾个月沒有見他們了。他有好些個人在那裏等你來。有好幾年了。多時候兒去了。

LEÇON X.

Mots répétés. Pluriel des noms. Verbe Etre.

RÈGLE 28 : — Certains noms ou verbes sont répétés dans le langage, sans que cette réduplication ajoute rien au sens. L'accent tonique porte alors toujours sur la première syllabe; la seconde est atone. Ex.:

Noms.

爹爹 tiē-tie *ou* 爸爸 pá-pa, Papa.
媽媽 mā-ma, Maman.
哥哥 kō-ko, Frère aîné.
姐姐 tsiè-tsie, Sœur aînée.
星星 sīng-sing, Etoile.
蛛蛛 tchoū-tchou, Araignée.
蛐蛐 k'iū-k'iu, Grillon, cri-cri.
蝈蝈 koūo-kouo, Cigale.

Les appellations suivantes ont une formation analogue:

太太 t'ái-t'ai, Dame; Madame.
老老 lào-lao, Grand'mère maternelle.
奶奶 nài-nai, *Id.* paternelle; Dame.
娘娘 niâng-niang, L'Impératrice; Déesse.
回回 houêi-houei, Musulman [1]).

Verbes.

作作 tsó-tso, *ou* 做做 tsó-tso, Faire.
開開 k'āi-k'ai, Ouvrir.
問問 wén-wen, Interroger; Demander.
聞聞 wên-wen, Flairer, sentir.

---

[1]) Altération des noms donnés anciennement par les Chinois aux Ouigours, peuple de l'Asie centrale, 回紇 Hoûei-hó ou 回鶻 Hoûei-hóu.

10e Leçon.

包包 pao-pao, Envelopper.
搖搖 yâo-yao, Agiter ; Secouer.
洗洗 sì-si, Laver.
算算 souán-souan, Calculer, compter.
送送 sóng-song, Conduire ; Reconduire ; Envoyer.
說說 chouŏ-chouo, Dire.
講講 kiàng-kiang, Expliquer.
磨磨 mouŏ-mouo, Broyer ; Polir ; Aiguiser.
謝謝 sié-sie, Remercier.
請請 ts'ìng-ts'ing, Prier ; Inviter.
逛逛 kouáng-kouang, Se promener.
辦辦 pán-pan, Traiter *une affaire*.

Remarque. Les verbes redoublés ci-dessus ou leurs similaires, qui ont souvent un complément direct simple, n'ont donc pas la valeur de nos verbes fréquentatifs ou itératifs. 說說話 chouŏ-chouo houá signifie seulement Dire des paroles, Parler, 寫寫字 siè-sie dzeú, Ecrire, 掃掃地 sào-sao tí, Balayer le sol, 解解悶兒 kiài-kiai m'eúl, Dissiper la tristesse, Se distraire, 擦擦臉 ts'ā-ts'a lièn, Essuyer *son* visage. Cependant, 來來去去 lâi-lâi k'iú-k'iú, locution dont toutes les syllabes sont accentuées, signifie Aller et venir à plusieurs reprises.

RÈGLE 29 : — La réduplication d'un nom, si les deux syllabes sont accentuées, indique la généralité. Ex. :

人人 jên-jên, Les hommes ; Tous les hommes.
天天 t'iēn-t'iēn, Tous les jours ; Chaque jour.
年年 niên-niên, Tous les ans ; Chaque année.
月月兒 yué-yué-eul, Tous les mois (*ou* lunes).
樣樣 yáng-yáng, Toutes manières.
磨磨 mouŏ-mouŏ, Toutes les fois.

男男女女 nân-nân niù-niù, Tous les hommes et toutes les femmes.

子子孫孫 tsèu-tsèu souēn-souēn. Tous les descendants (*litt.*: fils et petits-fils).

文文武武 wên-wên wòu-wòu, Tous, civils et militaires.

RÈGLE 30 : — Si le mot redoublé est adjectif ou adverbe, le superlatif est impliqué et l'accent tonique porte sur la seconde syllabe. Ex. :

小小的 siao-siào-ti, Très petit; Tout petit.

好好的 hao-hào-ti, Très bon; Très bien.

好好兒的 hao-hào-eul-ti,   *id.*

早早的 tsao-tsào-ti, Très tôt; Depuis très longtemps; Dans très peu de temps.

常常的 tch'ang-tch'âng-ti, Constamment.

細細的 si-sí-ti *ou* 細細兒的 si-sí-eul-ti, Très fin; Très minutieusement.

單單的 tan-tān-ti, *ou* 單單兒的 tan-tā'eul-ti, Seul; Tout seul; Uniquement.

快快的 k'ouai-k'ouái-ti *ou* 快快兒的 k'ouai-k'ouá'eul-ti, Très rapide; Très vite.

慢慢的 man-mán-ti *ou* 慢慢兒的 mai-má'eul-ti, Très lent; Très doucement.

明明白白的 ming-mîng-pai-pâi (*ou* po-pô)-ti, Très clair et très net (*litt.*: blanc); Très clairement.

四四方方的 sseu-sséu-fang-fāng-ti, Entièrement carré.

RÈGLE 31 : — Le suffixe 們 mēn est parfois employé pour marquer la pluralité après un substantif, comme après les pronoms personnels. Ex. :

爺們 yê-mēn (*litt.*: Les pères), Les messieurs; Les hommes, *par opposition aux dames.*

娘兒們 niâ' (*pour* niâng, Mère) -eul-mēn, Les dames; Les femmes ou filles.

太太們 t'ái-t'ai-mēn, Les dames.

10ᵉ Leçon.

Remarque, Il arrive, d'ailleurs, que les deux premières locutions ci-dessus soient employées au singulier et que l'on dise: 一个爺們 yí-kó yê-mēn pour Un monsieur, Un homme, ou 那一个娘兒們 nài-kó niâ'eul-mēn pour Quelle femme? Le sens est alors, par élision: Un *de la* catégorie *des* hommes, Quelle *de la* catégorie *des* femmes?

RÈGLE 32: — Si un substantif ou un pronom est suivi d'un adjectif, celui-ci prend la fonction verbale et doit être traduit précédé du verbe Etre. Ex.:

你好 nì hào, Tu es bon, *ou* Tu es bien (*ou* en bonne santé).

路不好走 lóu póu hào tsèou, Le chemin est mauvais (*à* parcourir).

法國也不狠遠 Fá-koûo yè póu hèn yuàn, La France n'est pas non plus très lointaine.

在這兒的人太多 tsái-tché-eul-ti jên t'ái toūo, Les personnes qui sont ici sont trop nombreuses.

這一个不小麼 tchéi-ko poú siào mō, Celui-ci n'est-il pas *plus* (ou *trop*) petit? *Rép.*: 小 siào, Oui (c'est plus *ou* trop petit), *ou* 不小 poú siào, Non (ce n'est pas plus *ou* trop petit).

1ᵉʳᵉ *Remarque*. Il en est de même de certaines locutions qualificatives, qui s'emploient verbalement. Ex.:

那兩個一樣 ná leàng-kó yí-yáng, Ces deux-là *sont* semblables (de même sorte).

他的倒怎麼樣 t'ā-ti táo tsèng-mō-yáng, Le sien, au contraire, comment *est-il*?

也不這麼着 yè póu tchó-mō-tchô, Il *n'est* pas, non plus, ainsi.

2ᵉᵐᵉ *Remarque*. Si le verbe Etre, 是 ché, est exprimé, l'adjectif ou le participe qui lui sert d'attribut doit, en général, être suivi de la particule 的 tī. Ex.:

土是黃的 t'où ché houâng-ti, La terre est jaune.

船是狠舊的 tch'ouân ché hèn kieóu-ti, Le navire est très vieux.

他是什麽病死的 t'ā ché chê-mŏ píng ssèu-ti, De quelle maladie est-il mort?

不是用錢買的 poú ché yóng ts'iên mài-ti, Ce n'est pas acheté moyennant (= en employant) de l'argent.

3ème Remarque. Le verbe 是 ché, Etre, est très fréquemment employé en conversation. Il correspond, dans les exemples suivants, à nos locutions Etre à, Etre de, Etre tel que, et doit parfois pratiquement être rendu par Avoir ou ne pas être traduit.

鼎是三腳兩耳 tìng ché sān kiào leàng eùl, Le trépied a (est à) trois pieds et deux anses.

針是狠小的眼兒 tchēn ché hèn-siào-ti yè'eul, L'aiguille a un (est à) très petit trou.

他是白頭髮 t'ā ché pâi t'eôu-fà, Il a les (est à) cheveux blancs.

我們三个人是一个船 wǒ-mēn sān-kó jên ché yí-kó tch'ouân, Nous sommes, tous trois, d'un *seul* (du même) navire.

你也是那个學堂 nì yè ché ná-kó hiuê-t'âng, Tu es aussi de cette école-là.

我總是帶雨傘 wǒ tsòng ché tái yù-sàn, Je porte (*litt.*: Je suis tel que *je* porte) toujours un parapluie.

他是不去 t'ā ché poú k'iú, Il n'y va pas (*litt.*: Il est tel qu'*il* ne va pas *là*).

人是要走、驢是要住了 jên ché yáo tseòu, lǜ ché yáo tchóu leào, L'homme veut marcher et l'âne veut rester *maintenant*.

我是不用鉛筆寫字 wǒ ché poú yóng k'iēn-pì siè dzéu, J'écris sans crayon (*litt.*: Je suis tel que, sans employer de crayon, j'écris des caractères).

(他)是跑 (t'ā) ché p'ào, *Il* galope (*ou* court, *ou* s'enfuit).

誰是砸了茶壺 chêi ché tsâ leào tch'â-hoû, Qui a (*ou* Qui est-ce *qui* a) cassé la théière?

10e Leçon.

THÈME 10.

(Les membres de phrase dans lesquels il y a lieu d'ajouter le verbe 是 *ché sont précédés d'un astérisque*).*

Le papa de ces trois petits enfants-là ne leur a rien donné. — Il faut les reconduire *pour qu'ils* retournent *à la* maison. — Ton frère aîné n'a pas dit à quel moment *il* doit partir. — S'il ne vient pas, je ne puis pas le remercier. — *Quelle nourriture veut-il manger? — *Il veut manger la même nourriture. — Comment *va* sa grand'mère maternelle? — Elle *va* très bien aujourd'hui. — *Le couli a cassé deux tasses *à* thé. — Cet âne a (*traduisez* est à) *des* pieds très fins. — *Il court très vite *et* *je marche très lentement. — *Tu emploies *un* pinceau chinois *pour* écrire (*des* caractères). — *Il n'est pas venu *depuis* bien des jours. — N'importe; *la* route *est* trop longue (*traduisez* lointaine). — Mon parapluie n'est pas ici.

VERSION 10.

剛來了一個回回、說要見你、要問問什麼事、那幾個爺們、早早的吃飯、走了太太們在這裏說話、吃他天天辦什麼事、我倒沒有細細的問他。他天兒要等等你單單兒的去、也行不行三十多兩。你行不行、可是有人送我的也不細。你的是很粗的、法國的人怎麼樣。我的媽媽是一樣的。天青土黃。我的媽媽是白頭髮。你我是一箇學堂。兩個人是一個茶壺。這個我是要那個兩個都不一樣。他是喝茶我是喝酒。

LEÇON XI.

Noms à désinences. Auxiliaire 把 pà. Pronoms.

1°. SUFFIXES 子 dzeu ET 頭 t'eou.

Le sens de 子 tseù, Fils, opposé à 毋 moù, Mère, s'étend, dans l'esprit des Chinois, à tout ce qui est secondaire ou de détail par rapport à l'objet principal, aux éléments constitutifs par rapport à la masse. C'est dans cette acception diminutive que 子 sert de suffixe à un grand nombre de substantifs; sa prononciation est alors adoucie en **dzeu** et l'accent tonique porte sur le mot principal, qui le précède. Ex. :

兒子 eûl-dzeu, Fils.
妻子 ts'ī-dzeu, Epouse.
妹子 méi-dzeu, Sœur cadette.
脖子 poûo-dzeu, Cou.
肚子 toù-dzeu, Ventre; Estomac.
竹子 tchôu-dzeu, Bambou.
銀子 yîn-dzeu, Argent (*métal*).
珠子 tchōu-dzeu, Perle; Boule.
箱子 siāng-dzeu, Caisse; Malle.
椅子 yì-dzeu, Chaise.
胰子 yî-dzeu, Savon *européen*.
村子 ts'ouēn-dzeu, Village.
池子 tch'ê-dzeu, Fossé; Bassin.
園子 yuân-dzeu, Jardin.
院子 yuán-dzeu, Cour.

日子 jé-dzeu, Jour.
法子 fǎ-dzeu, Moyen, procédé; Méthode.
釘子 tīng-dzeu, Clou.
叉子 tch'ā-dzeu, Fourchette.
筷子 k'ouái-dzeu, Bâtonnets (*pour manger*).
帽子 máo-dzeu, Chapeau.
靴子 hiuē-dzeu, Botte; Bottine.
裏子 lì-dzeu, Doublure.
刀子 tāo-dzeu, Couteau.
果 (ou 菓) 子 kouò-dzeu, Fruit.
獅子 chē-dzeu, Lion.
鴿子 kō-dzeu, Pigeon.
瞎子 hiā-dzeu, Aveugle.
瘋子 fōng-dzeu, Fou.

Le mot 頭 t'eôu, Tête, en composition, tantôt rappelle vaguement une tête, comme forme ou comme position dominante, et tantôt implique l'idée d'un point principal, d'un commencement ou de l'objet qui attire en premier lieu l'attention. Ex. :

11e Leçon.   59

日頭 jé-t'eou, Soleil.
石頭 chê-t'eou, Pierre, caillou.
木頭 móu-t'eou, Bois.
骨頭 kòu-t'eou, Os.
源頭 yuân-t'eou, Source.

指頭 tchè-t'eou, Doigt.
向頭 hiáng-t'eou, Direction.
起頭 kì-t'eou, Commencement.
號頭 háo-t'eou, Numéro.
鎖頭 soùo-t'eou, Serrure, Cadenas.

Remarque. A la différence de la terminaison 兒 eûl, les suffixes 子 et 頭 ne peuvent pas s'adjoindre indistinctement à tous les substantifs.

2°. SUFFIXES GÉNÉRIQUES: 人 jên, Homme, 夫 fōu, Homme, 匠 tsiáng, Ouvrier, 手 cheòu, Main, 工 kōng, Artisan, 生 chēng, Vivant, Adonné à, 戶 hóu, Famille, 家 kiā, Famille, (qui tous servent à désigner des conditions ou professions propres aux hommes), 樹 chóu, Arbre, 木 móu, Bois, 菜 ts'ái, Plante potagère, 草 ts'ào, Plante, 花 houā, Fleur, 石 chê, Pierre, 魚 yû, Poisson, 蟲 tch'ông, Insecte, etc. Ex.:

男人 nân-jên, Homme *mâle*.
女人 niù-jên, Femme.
主人 tchòu-jên, Maître; Hôte qui reçoit.
客人 k'ó-jên, Hôte, invité; Visiteur, étranger.
婦人 fóu-jên, Femme mariée.
馬夫 mà-fōu, Palefrenier.
農夫 nông-fōu, Laboureur, cultivateur.
木匠 moú-tsiáng, Menuisier; Charpentier.
花兒匠 houā-eul-tsiáng, Jardinier.
水手 chouèi-cheòu, Matelot.
礮 (ou 砲) 手 p'áo-cheòu, Canonnier, artilleur.
畫工 houá-kōng, Ouvrier peintre.
醫生 yī-chēng, Médecin.
學生 hiuê-chēng, Etudiant, élève.
船戶 tch'ouân-hoú, Batelier.

佃戶 tién-hoú, Fermier.
寫家 siè-kiā, Calligraphe.
算家 souán-kiā, Mathématicien.
松樹 sŏng-chóu, Sapin, pin.
桑樹 sāng-chóu, Mûrier.
烏木 wŏu-móu, Ebène.
芹菜 k'în-ts'ái, Céleri.
菠菜 pouŏ-ts'ái, Epinards.
甘草 kān-ts'ào, Réglisse.
蘭草 lân-ts'ào, Iris de Chine.
荷花 hô-houā, Lotus, nénuphar.
梅花 mêi-houā, Fleur de prunier.
玫瑰花 mêi-kouēi-houā, Rose.
棉花 miên-houā, Coton.
慈石 ts'eû-chê, *ou* 磁石 ts'eû-chê, Pierre aimante.
鯨魚 k'îng-yû, Baleine.
鯊魚 chā-yû, Requin.
鱔魚 chán-yû, Anguille.
蝗蟲 houâng-tch'ông, Sauterelle.
毛毛蟲 mâo-mâo-tch'ông, Chenille.

RÈGLE 33: — Le verbe 把 pà, Prendre, sert très souvent d'auxiliaire, lorsque le verbe principal est précédé de son régime direct, que celui-ci soit un objet matériel ou un nom abstrait. Tournure: Ils ont pris ma maison *et l'*ont détruite, 他們把我的房子拆了 t'ā-mēn pà wŏ-ti fâng-dzeu tch'āi lo, pour Ils ont détruit ma maison.

我把刀子饅頭都給他了 wŏ pà tāo-dzeu mân-t'eou toū kèi t'ā lo, Je lui ai donné tout, le couteau et le pain.

你要把我剛說的話、給他講講 nì yáo pà wŏ kāng chouŏ-ti houá, keì t'ā kiàng-kiang, Tu lui expliqueras les paroles que j'ai dites à l'instant.

11e Leçon.

Remarque. On peut considérer le verbe 把 pà comme prenant le rôle d'une préposition de l'accusatif, de même que le verbe 給 kèi, Donner, est préposition du datif:

我得把這些字給你改改 wǒ tèi pà tché-siē dzéu kèi nì kài-kai, Je dois prendre ces caractères *et* te donner *de* les corriger = Il faut que je te corrige ces caractères.

PRONOMS PERSONNELS ET RÉFLÉCHIS.

Aux pronoms qui ont été indiqués aux pages 12 et 16 (RÈG. 9) il convient d'ajouter:

您 nîn, *ou* 你納 nì-na, Vous, *désignation employée par politesse en s'adressant à un égal ou à un supérieur.*

他納 t'ā-n', Il, elle, lui (*poli*).

偺 (*ou* 喒) tsân, Nous. ⎫
偺們 tsâ'mēn, Nous. ⎬ *Comprenant la personne à laquelle on parle.*
咱們 tsâ-mēn, Nous. ⎭

咱們倆 tsâ-mēn-leà, Nous deux (*id.*).

彼此 pì-ts'eù, Nous deux ; L'un et l'autre ; Cela et ceci.

朕 tchén, Nous, l'Empereur.

自己 tséu-kì, Soi-même; .... -même.

我自己 wǒ tseú-kì, Moi-même.

自家 tseú-kiā, Soi-même.

自各兒 tséu-kó-eul, *id.*; Seul.

自己各兒 tséu-kì-kó-eul, *id.*

親自 ts'īn-tséu, Soi-même; En personne.

親身 ts'īn-chēn, *id.*

各人管各人的事 kó-jên kouàn kó-jên-ti ché, Chacun s'occupe de ses propres affaires (*répétition du sujet; voir* RÈG. 25).

THÈME 11.

Le jardinier dit *que* c'est lui-même *qui* a ouvert *la* porte. — Nos fermiers sont du côté sud de ce petit village. — Votre jardin a-t-il *des* sapins? — J'aime les fleurs: mon jardin n'a que *des* iris *et des* lotus. — Ma sœur cadette a pris elle-même *le* savon et me *l*'a donné. — *La* main de *l*'homme a (*traduisez* est de) cinq doigts. — *L*'étudiant expliquera cette bonne méthode. — *Le* palefrenier a pris *les* trois pigeons *et les* a donnés au lion *à* manger. — Je n'ai pas vu *les* charpentiers détruire cette petite maison-là. — L'invité est malade (*traduisez* a maladie): il faut prier *le* médecin *de* venir le voir. — Les Chinois emploient *des* bâtonnets *pour* manger *leur* nourriture. — Nous dirons tous deux *nos* propres affaires. — Le maître ira en personne. — *La* lettre est écrite *par* lui seul. — Nous avons *des* relations *ensemble*, l'un et l'autre.

VERSION 11.

這麼着、您是自各兒去麼。此不能同去了。這箇銀子是咱們彼自己的不要把他白花了。于又于都給馬夫了。您今兒吃刀的是羊肉是鱔魚。他說的必不錯、也是明明白白的。那些个竹子都很好看在誰的園子。這兩三年、看蝗蟲狠多。您爲什麼不到那裡去、有些事剛開的梅花。我是不能去。辦辦。這懷木頭是烏木很好。多嗟要寫信我給您紙筆墨硯臺。車子都來了客人沒走。偺們的房于有一个大院子、兩个小的、都是四四方方的。那一個法子不行。

LEÇON XII.

Synonymes juxtaposés. Adjectifs numéraux ordinaux. Impératif.

Le petit nombre des monosyllabes de la langue chinoise rend souvent nécessaire l'association deux à deux, en parlant, de mots ayant même signification, ou à peu près; d'où résultent des expressions doubles consacrées par l'usage. Ex.:

1°. Substantifs.

意思 yí-ssēu (idée-pensée), Idée, pensée; Sens, signification.
意見 yí-kién (idée-vue), Opinion.
事情 ché-ts'îng (affaire-sentiment), Affaire.
性命 síng-míng (nature-vie), Vie.
道理 táo-lì (voie-raison), Raison; Principe; Théorie.
分別 fēn-piê (partager-autre), Différence; Distinguer.
朋友 p'êng-yeoù (ami-*id*.), Ami.
名字 mîng-dzéu (nom-surnom), Nom.
風俗 fōng-sōu (coutume-usage), Coutume; Mœurs.
行爲 hîng-wêi (marcher-faire), Actions; Conduite.
身體 chēn-t'ì (corps-*id*.), Corps.
眼睛 yèn-tsīng (œil-prunelle), Œil.
材料 ts'aî-leáo (matériaux-*id*.), Matière; Matériaux.
條欵 t'iâo-k'ouàn (articles-*id*.), Traité, convention.
利益 lí-yí (profit-avantage), Avantage, profit.
憑據 p'îng-kiú (appui-*id*.), Preuve.
緣故 yuân-kóu (cause-*id*.), Cause, motif.
責任 tsó-jén (responsabilité-charge), Charge; Responsabilité.
才能 ts'âi-nêng (talent-pouvoir), Capacité.
功勞 kōng-laô (mérite-peine), Mérite.
勇敢 yòng-kàn (courage-oser), Bravoure.

買辦 mài-pán (acheter-*id.*), Comprador.
徒弟 t'oû-tí (élève-cadet), Disciple; Elève; Apprenti.
京都 kīng-toū (capitale-*id.*), Capitale.
邊界 piēn-kiái (bord-frontière), Frontière.

2°. ADJECTIFS ET ADVERBES (*avec ou sans* 的 tĭ).

要緊 yáo-kìn (nécessaire-urgent), Important, urgent.
新鮮 sīn-sīen (nouveau-frais), Frais, *dit d'un poisson ou d'un fruit*.
涼快 leâng-k'oúai (frais-vif), Frais, *dit de la température, du corps*.
便宜 p'iên-yí (commode-convenable), A bon marché, pas cher; piên-yí, Commode, avantageux, facile.
平安 p'îng-ngān (tranquille-paisible), Tranquille; En paix *ou* en bonne santé.
容易 jông-yí (tolérer-facile), Facile.
善良 chán-leâng (bon-honnête), Honnête.
貴重 koúei-tchóng (précieux-important), Précieux.
老實 lào-chê (vieux-vrai), Sincère; Eprouvé; Docile; Sage, *dit d'un enfant*.
切實 ts'lĕ-chê (sérieux-réel), Sérieux; Solide.
體面 t'ì-mién (corps-face), Honorable; Elégant.
勒索 ló-sŏ (contraindre-exiger), Exigeant; Ennuyeux.
堅固 kiēn-kóu (ferme-solide), Solide.
互相 hóu-siāng (mutuellement-*id.*), Mutuellement.
稍微 chāo-wēi (un peu-minime), Quelque peu.
明白 mîng-pâi (clair-blanc), Clair, clairement; Intelligent.

3°. VERBES ET PRÉPOSITIONS.

恐怕 k'òng-p'á [craindre-*id.*), Craindre; De peur de *ou* que.
思想 ssēu-siàng (penser-*id.*), Penser; Réfléchir.
喜歡 hì-houān (joie-*id.*), Etre joyeux, content; Aimer.
保護 pào-hóu (garantir-protéger), Protéger.

12e Leçon.

使喚 chè-houán (employer-appeler), Employer.

明白 mîng-pâi (clair-blanc), Comprendre.

勉強 mièn-k'iàng (effort-exciter), Contraindre, forcer; S'efforcer.

游歷 yeôu-lí (voyager-passer), Voyager.

該當 kaī-tāng (devoir-*id*.), Devoir; Il faut.

應當 yīng-tāng (convenir-devoir), *id.*, *id.*

對答 tóuei-tâ (répondre-*id*.), Répondre.

理會 lì-hoúei (faire raison-savoir), Remarquer; Tenir compte de.

察看 tch'ā-k'án (examiner-regarder), Examiner.

等候 tèng-heóu (attendre-*id*.), Attendre.

告訴 káo-sóu (informer-*id*.), Informer; Dire à.

管理 kouàn-lì (administrer-*id*.), Administrer; Diriger; S'occuper de.

辦理 pán-lì (traiter-administrer), Traiter *une affaire*, s'*en* occuper.

商量 chāng-leāng (négocier-mesurer), Discuter, S'entendre.

斟酌 tchēn-tchoûo (verser—verser en retour), Apprécier, étudier; Examiner le pour et le contre.

議論 yí-louén (délibérer-discourir), Délibérer; Traiter de; Discuter.

因為 yīn-wéi (suivre—être pour), A cause de; Pour; Parce que; Comme.

除非 tch'oû-feī (exclure—ne pas être), A moins de *ou* que.

RÈGLE 34: — Le préfixe 第 tí (Ordre, Degré) sert à former les adjectifs numéraux ordinaux. Ex.:

第一 tí-yí, Premier. 第一個人 tí-yí-kó jên, Le premier homme; La première personne.

第二 tí-eúl, Deuxième; 第三个 tí-sān-kó, Le troisième; etc.

我光要第二百零四个那一个 wò kouāng yáo tí-eúl-pài-lîng-sséu-kó nái-kó, Je veux seulement celui-là, le 204ème.

末末了第三 mó-mó-leào tí sān, Le deuxième avant-dernier, l'antépénultième.

倒數第三 táo-chòu tí-sān, *Id.* (*litt.*: En comptant à rebours, le troisième).

第幾个 tí-kì-kó, Lequel? (*par numéro, au-dessous de 10*).

他打了第十幾个 t'ā tà leào tí-chê-kì-kó, Lequel a-t-il frappé, *entre 10 et 20?*

你是第幾次來的 nì ché tí-kì-ts'éu lâi-ti, Quelle fois (*un numéro au-dessous de 10*) es-tu venu?

1ère Remarque. On emploie souvent 頭 t'eôu, En tête, Initial, au lieu de 第 tí pour Premier: 頭一个人 t'eôu-yí-kó jên, Le premier homme.

頭一次 t'eôu-yí-ts'éu, *ou* 頭一回 t'eôu-yí hoûeí, La première fois.

頭一天 t'eôu-yí-t'iēn, *ou* 頭一个日子 t'eôu-yí-kó jé-dzeu, Le premier jour (tandis que 頭天 t'eôu-t'iēn signifie La veille et 頭兩天 t'eôu-leàng-t'iēn, L'avant-veille).

2ème Remarque. Les noms de nombres sont parfois employés, sans l'adjonction de 第 tí, comme adjectifs numéraux ordinaux, notamment dans les dates, le numérotage:

中華民國三年 Tchōng-hoûa mîn-koûo sān niên, La troisième année (*ou* L'an III) de la République Chinoise (1914).

光緒元年三月十五日 Kouāng-siú yuân niên, sān yué, chê-woù jé, Le quinzième jour de la troisième lune de la première année Kouāng-siú (*nom d'années de règne, 1875 à 1908*).

三十七號 sān-chê-ts'ī háo, Le numéro 37.

頭班、二班、三班 t'eôu-pān, eúl-pān, sān-pān, La première classe, la seconde classe *et* la troisième classe.

三少爺 sān cháo-yê, Le troisième fils (*Litt.*: Le jeune monsieur troisième).

RÈGLE 35: — Le verbe final 罷 pá (Cesser, Fini) implique assez souvent l'impératif, qui n'a, d'ailleurs, aucune marque spéciale. Ex.:

走罷 tseòu pá (*Litt.*: Pars *et* fini), Va-t-en!

你去罷 nì k'iú pá, Va-t-en!

他們把那些事情給您辦理罷 t'ā-mēn pà ná-siē ché-ts'îng kèi nîn pán-lì pá, Qu'ils vous traitent *donc* ces affaires!

Remarque. Le vocable 別 piê (Autre) est prohibitif et équivaut à 不要 póu yáo, Il ne faut pas, Ne... pas! Ex.:

別動 piê tóng, *ou* 不要動 poú yáo tóng, Ne bouge pas! N'*y* touche pas!

你別哭罷 nì piê k'oū pá, Ne pleure pas!

他就別說有理 t'ā tsieóu piê choūo yeòu lì, Qu'il ne dise pas alors *qu'il* a raison!

大人別生氣了 Tá-jên piê chēng k'í ló, Que Votre Excellence ne se mette plus en colère!

THÈME 12.

Ici *ou* là, il n'y a pas grande différence. — Il n'a aucun moyen *pour* faire cela. — Allez-vous journellement voir *des* amis, *ou* non? — *La* vie de *l'*homme est importante; *la* responsabilité du fonctionnaire aussi importe. — Il veut certainement employer *des* hommes ayant *des* capacités. — Il n'a aucune raison *et* dit aussi *qu'il* n'a aucun motif. — Quelles preuves avez-vous alors? — Ceci *est* facile à faire: fais-le! — *Les* fleurs qu'il vend ne sont pas très bon marché: discutons donc *pour les* acheter! — *Le* visiteur parle français: je ne puis *le* comprendre. — J'ai peur *qu'*il ne soit pas content. — Parce qu'il nous protège, nous l'aimons. — Que *les* élèves de *la* première classe ne fassent pas cela! — Je veux vous dire alors quelles coutumes il y a ici. — Que votre ami ne dise pas *qu'il* n'a aucun mérite! — Comme *les* frontières ne sont pas tranquilles, il est parti *le* vingt-septième jour *de la* sixième lune *de la* trente-quatrième année Kouāng-siú.

VERSION 12.

那兩個中國字是什麼意思、
您告訴我罷。兩國的條款
有什麼利益、彼此都斟酌過。
除非有他來、那我必不喜歡
在那裏等候。那是該當的、
不論他使喚什麼人、他議論
不管他的事情、是不錯有
箇道理不狠對。
多少話人人都不能信。
那一个朋友給您的、您別告
訴他。我沒買不是因為銀
少。他恐怕您在家有病、
沒有去商量公事。第五个
學生爲什麼頭天沒有來。

LEÇON XIII.

Juxtaposés antithétiques. Propositions circonstancielles. Verbes-prépositions.

De la juxtaposition de deux mots dont le sens est opposé résulte souvent, dans la langue parlée, une acception générale. C'est ainsi que 東 tōng, l'Orient, et 西 sī, l'Occident, s'associent pour former le mot 東西 tōng-sī qui signifie Objet, Chose, tout ce qui peut se trouver à l'est ou à l'ouest, à droite ou à gauche.

買賣 mài-mái (acheter-vendre), Commerce.
弟兄 tí-hiōng (frère cadet—frère aîné), Frères.
姐妹 tsiè-méi (sœur aînée—sœur cadette), Sœurs.
江山 kiāng-chān (fleuves-montagnes), l'Empire, le pays.
規矩 kouēi-kiú (compas-équerre), Règle; Usage.
光陰 kouāng-yīn (lumière-ombre), Temps, *durée*.
衣裳 yī-chāng (vêtement supérieur — vêtement inférieur), Habit, vêtement.
裁縫 ts'âi-fōng (tailler-coudre), Tailleur.
風水 fōng-choùei (vent-eau), Géomancie.
左右 tsouò-yeóu (gauche-droite), Les côtés; Entourage.
來去 lâi-k'iú (venir-aller), Circulation.
婚姻 houēn-yīn (prendre femme — prendre un mari), Mariage.
夫婦 fōu-fóu (mari—femme mariée), Les époux.
子孫 tseù-souēn (fils—petit-fils), Postérité.
出入 tch'ōu-jóu (sortir-entrer), Ecart, différence.
大小 tá-siào (grand-petit), Dimension.
好歹 hào-tài (bon-mauvais), Qualités.
眞假 tchēn-kià (vrai-faux), Véracité *ou non*.
輕重 k'īng-tchóng (léger-lourd), Poids.
寬窄 k'ouān-tchài (large-étroit), Largeur *ou non*.

快慢 k'ouái-mán (prompt-lent), Vitesse *ou non*.

利害 lí-hái (avantageux-nuisible), Terrible [1]).

Exemples: 水的深淺、偺們沒量過 choùei ti chēn-ts'ièn, tsâ'mēn mêi leāng kouó, Le plus ou moins de profondeur de l'eau, nous ne *l*'avons pas mesuré.

我的事情有頭緒了 wò-ti ché-ts'îng yeòu t'eôu-siú ló, Mon affaire a eu une suite (*litt.*: tête *et* suite).

RÈGLE 36 : — De même que les mots ou locutions qui, comme adjectifs ou adverbes, en qualifient d'autres se placent avant ceux-ci, tout membre de phrase ou proposition accessoire qui détermine les circonstances dans lesquelles se produit l'acte exprimé par le verbe principal prend place avant ce dernier. Ex. :

我買東西用錢 wò mài tōng-sī yóng ts'ièn, J'emploie de la monnaie, en achetant des objets (*litt.*: Je, achetant des objets, emploie de la monnaie).

您不是騎馬去的麼 nîn póu ché k'î mà k'iú ti mŏ, N'*y* êtes-vous pas allé à cheval? (*litt.*: N'êtes-vous pas, montant *un* cheval, allé *là*?).

他們雖然沒有說、必有這个心 t'ā-mēn sōuei-jân mêi-yeòu chouō, pí yeòu tchó-kó sīn, Ils ont certainement cette intention, quoiqu'ils ne l'aient pas dit (*litt.*: Ils, quoiqu'*ils* ne *l*'aient pas dit, certainement ont cette intention).

他既然要、不能不給他 t'ā kí-jân yáo, póu nêng póu kèi t'ā, On ne peut pas ne pas le lui donner, puisqu'il le veut (*litt.*: Puisque...., on ne peut pas....).

那兩个字、分開講、是什麼意思 ná leàng-kó dzéu, fēn-k'aī kiàng, ché chê-mŏ yí-ssēu, Quel est le sens de ces deux caractères, *si on les* explique séparément?

RÈGLE 37 : — Les prépositions chinoises sont foncièrement,

---

1) Remarquer ici le prédominance du second élément du groupe sur le premier. Le sens est quelquefois celui des *Intérêts* de quelqu'un (ce qui lui profite ou lui nuit).

13ᵉ Leçon.

ainsi que nous en avons déjà vu des exemples (在, 到, 沿, 恐怕, 給 etc.), des verbes, qui, faisant partie d'une proposition circonstancielle et ayant, par suite, un rôle secondaire par rapport au verbe principal de la phrase, s'atténuent jusqu'à devenir presque des particules. C'est ainsi que la phrase 我在家看書 wǒ tsái kiā k'án chōu (Je, étant à la maison, regarde des livres) a pour équivalent français: Je lis À la maison.

Les principaux verbes-prépositions sont les suivants:

在 tsái, Etre à; — A (*locatif*); Dans, en.

*於 yû, *id.*; — *id.* ¹)

給 kèi, Donner; — A (*datif*); Pour, en faveur de.

*與 yù, Donner; Réunir; — A (*datif*); Avec.

對 touéi, Répondre; Faire vis-à-vis, face à; — A, vis-à-vis de, en face de. — 對於 touéi-yû, A l'égard de.

向 hiáng, Se diriger vers; — Vers; A (*datif*).

望 wáng, Regarder; Espérer; — Vers; A; Avec.

往 wàng, Aller à; — A (*direction*), vers.

衝 tch'ōng, Se lancer contre; — Vers.

朝 tch'âo, Aller à la Cour; — Vers.

到 táo, Aller à; Arriver à; — A, jusqu'à.

得 tô, Obtenir, Pouvoir; — *pron.* tê, A, jusqu'à être, de telle façon que ²).

上 chàng, Monter; — A, vers (*ascension*; *direction*).

下 hiá, Descendre; — *id.* (*descente*; *id.*).

告訴 káo-sóu, Informer; — A (*disant à*).

走 tseòu, Marcher; Parcourir; — Par (*passage*).

坐 tsoúo, Etre assis à, dans; — En, à (*véhicule*).

騎 k'î, Monter à cheval; — A (*monture*).

---

1) Les mots précédés ici d'un astérisque * ne sont usités en parlant que comme des emprunts à la langue écrite.

2) Souvent remplacé euphoniquement, comme préposition, par 的 tī. Ex.: 作得好 tsó tê hào, *ou* 作的好 tsó tī hào, Faire (à) bien, Bien faire.

由 yeoû, Passer par; Venir de; — Par; De (*provenance*).

過 koúo, Passer; — Par (*passage*); Après.

從 ts'ông, Provenir; Suivre; — De; Depuis; Par (*passage*).

隨 soûei, Suivre; — A la suite de; D'accord avec.

*自 tséu, Commencer; — De (*provenance*); Depuis.

自從 tséu-ts'ông, — De (*id.*); Depuis.

起 k'ì, Commencer; Se lever; — De, depuis.

打 tà, Frapper; — De, depuis.

接 tsiē, Continuer; — De, depuis (*faisant suite à*).

*經 kīng, Passer par; — Par; Déjà par (*instrumental*).

沿 yên, Longer; — Le long de.

離 lî, Quitter; Etre distant de; — De (*distance*), loin de.

近 kín, Etre près de; — Près de.

挨 ngāi, Subir; Etre près de; — Par (*instrumental*).

挨着 ngāi-tchô, Etre près de; — Près de, contre.

靠 k'áo, Etre appuyé contre; — Contre (*proximité*).

跟 kēn, Suivre; — Avec; A (*datif*).

連 liên, Joindre; — Avec; Y compris; Même avec.

和 hô, Unir; — *pron.* hán, Avec; A (*datif*), Et ¹).

兼 kiēn, Cumuler; — Cumulativement avec.

有 yeòu, Avoir; — Avec (*muni de*).

帶 tái, Porter; Mener; — Avec (menant *ou* portant).

沒有 mêi-yeòu, Ne pas avoir; — Sans.

*無 woû, Ne pas avoir, être sans; — Sans.

用 yóng, Employer, se servir de; — Avec, moyennant, à l'aide de, par (*instrumental*).

便 chè, Employer; — Moyennant, avec, par (*id.*).

*以 yì,   *id.*; — *id.*, *id.*

---

1) On remarquera que les mêmes mots correspondent parfois à des conjonctions françaises.

13e Leçon. 73

把 pà, Prendre ; — Accusatif (voir RÈG. 33, Rem.) ; *parfois* Avec, de, par (*instrumental*).

*將 tsiāng, *id.*; — *id.*, *id.*

被 péi, Endosser ; — Par (*instrumental*).

受 cheóu, Subir ; — *id.*

叫 kiáo, Appeler ; Faire que ; — *id.*

代 tái, Remplacer ; — A la place de, pour.

替 t'í, *id.*; — A la place de, pour ; A (*datif*).

*就 tsiéou, Approcher de ; — D'après, à, sur.

當 tāng, Valoir ; Faire fonction de ; — Comme, en tant que ; A (*locatif*).

作 tsó, Faire ; — Comme, servant de.

作爲 tsó wêi, Constituer en ; — *id.*

如 joû, Etre comme ; — Comme, semblablement à.

如同 jôu-t'ông, *id.*; — *id.*

同 t'ông, Etre avec *ou* semblable ; *id.*; — Avec, *id.*

會同 hoúei-t'ông, Réunir-Avec ; — De concert avec.

好 haò, Etre bien ; Rendre facile ; — Pour, pour que, afin de *ou* que.

爲 wéi, Etre pour, Agir pour ; — Pour ; En raison de ; En faveur de.

*因 yīn, Imiter ; Suivre ; — A cause de ; Parce que.

因爲 yīn-wéi, Suivre ; —Etre pour ; — *id.*

論 louén, Parler de ; — Par, à (ex. : *vendre à la livre*).

按 ngán, Toucher ; Presser ; — Conformément à ; Selon.

照 tcháo, Refléter ; — *id.*; D'accord avec ; D'après.

按着 ngán-tchô, 按照 ngán-tcháo, 照着 tcháo-tchô, *mêmes sens*.

憑 p'îng, S'appuyer sur ; — D'après, selon ; Comparativement à.

比 pì, Comparer à ; — Comparativement à.

檬 kiú, S'appuyer sur ; — D'après, selon.

除 tch'ôu, Exclure ; — Sauf, hormis, excepté.

｜... 外 tch'ôu.... -wái, *même sens*.

Remarque. Si, pour traduire la phrase „Je lui dis" (Je dis à lui), on emploie l'un des verbes-prépositions 對 toúei, 问 hiáng, 望 wáng, 和 hán, 替 t'í ou 跟 kēn, qui correspondent à notre *à*, ces mots doivent être placés dans une proposition circonstancielle précédant le verbe principal et la construction est : 我對他說 wŏ toúei t'ā chouō, „Je, faisant-face-à lui, dis" = „Je lui dis", etc. (Voir page 3, 2°). Mais, si on se sert de 給 kèi, on devra faire figurer ce mot et son complément après le verbe principal, comme l'énonciation d'une conséquence : 我說給他 wŏ chouō kèi t'ā, „Je dis *de façon à donner* à lui" = „Je lui dis", comme on ferait pour : „Je lui vends" (Je vends à lui), 我賣給他 wŏ mái kèi t'ā, *litt.* : „Je vend*ant donne* à lui". Le cas est le même pour „Je mets (à) ici", phrase dans laquelle l'expression du résultat se place après : 我攔在這裏 wŏ kō tsái tchó-lì, *litt.* : „Je mets *de façon à* être ici".

Si l'ordre des éléments est changé, le sens est différent : 我給他說 wŏ kèi t'ā chouō signifie „Je dis pour lui", en sa faveur *ou* à sa requête.

THÈME 13.

Je n'ai pas remarqué *la* dimension de cet objet. — Eux, *les* deux palefreniers, sont frères. — Ton ami est terrible ; tous les hommes le craignent. — Je n'ai pas *de* relations avec lui. — Je suis allé de Pékin à Chang-hai. — Ils ne peuvent pas manger à l'aide de bâtonnets. — Il mange *sa* viande avec un petit couteau. — Il montera *en* bateau près du bord *de la* rivière. — Il fera cela à ma place. — Il l'informera conformément à ce que j'ai dit. — Je n'écris plus, parce qu'il est venu. — Il a discuté avec *le* fonctionnaire civil. — La viande est vendue à *la* livre : combien en voulez-vous *de* livres ? — Il est bon comme jardinier. — Je m'en vais avec *mon* chien. — Le tailleur viendra-t-il *ou* non ?

VERSION 13.

他是帶狗走了、被別人打了。是當朋友同客人到這裏來的。把這箇快快的代他作罷好叫他今兒走。你把我的衣裳都擱在那兒罷。這兩個沒有大分別、可是沒有樣子。據裁縫說這个大小不行.他們既然改了規矩、不能這麼比寬窄。儝們三個是沒吃飯去了。他們到了箇大村子、離京城四十五里地。在那兒見了小蘭花狠好看。我是用幾个錢買了十箇。我必要同他望東邊兒過橋去。您雖然騎馬走得不快比他又慢。我怕他沒給您辦那个、辦的不好。您替我辦罷。

LEÇON XIV.

Autres noms composés. Postpositions.

1°. — Un grand nombre de substantifs sont formés, en chinois, par le groupement de deux mots dont le premier (nom au génitif par position, adjectif, participe ou adverbe) qualifie le second (nom, participe ou verbe). Ils ont pour analogues nos noms composés tels que Chef-d'œuvre, Grand-père, Morte-saison, Bien-être, ou juxtaposés tels que Chemin de fer, Bateau à vapeur, Noir animal, Pis aller, etc.

指甲 tchè-kià (*de* doigt—cuirasse), Ongle.
腦袋 nào-tái (*de* cerveau—sac), Tête.
地方 tí-fāng (*de* terre—côté), Endroit, localité, lieu.
方面 fāng-mién (*de* carré—côté), Côté.
口音 k'èou-yīn (*de* bouche—son), Prononciation; Voix.
肉皮 jeóu-p'î (*de* chair—peau), Peau.
書房 chōu-fâng (*à* livres—chambre), Bureau; Bibliothèque.
兄弟 hiōng-tí (*de* frère aîné—frère cadet), Frère cadet.
雨傘 yù-sàn (*de* pluie—parapluie), Parapluie.
空氣 k'ōng-k'í (vide-air), Air *atmosphérique*.
月亮 yué-leáng (*de* lune—lumière), Lune.
好處 hào-tch'oú (bon-endroit), Avantage, profit.
老虎 lào-hòu (vieux-tigre), Tigre.
老鼠 lào-chòu (vieux-rat), Rat.
喜雀 hì-ts'iào (joyeux-passereau), Pie.
野貓 yè-māo (sauvage-chat), Lièvre.
走獸 tsèou-chéou (marchant-animal), Quadrupède.
飛禽 fēi-k'în (volant-oiseau), Oiseau.
福氣 fôu-k'í (*de* bonheur—air), Bonheur.
電氣 tién-k'í (*de* foudre—fluide), Electricité.
鐵路 t'iè-lóu (*de* fer—chemin), Chemin de fer.

14ᵉ Leçon.

火車 houŏ-tch'ŏ (*de* feu—voiture), Wagon *ou* Train *de chemin de fer.*

機器 kī-kí (*à* mécanisme—outil), Machine.

本錢 pèn-ts'iên (foncier-argent), Capital.

名片 mîng-p'ién (*de* nom—carte), Carte de visite.

鉛筆 k'iēn-pì (*de* plomb—pinceau), Crayon.

先生 siēn-chēng (avant-né), Monsieur; Maître.

老爺 laò-yê (vieux-père), Monsieur, seigneur.

皇帝 houâng-tí (souverain-empereur), Empereur.

公使 kŏng-ché (public-envoyé), Ministre en mission.

國王 kouŏ-wâng (*de* pays—roi), Roi.

帝國 tí-kouŏ (*d'*empereur—pays), Empire.

欽差 k'īn-tch'aī (souverainement-commissionné), Ministre en mission (sous l'Empire), commissaire impérial.

統領 t'òng-lìng (en tout—conduire), Général.

代辦 tái-pán (à la place de—traiter), Agent.

老板 laò-pàn (vieille-planche), Patron.

使館 ché-kouàn (*d'*Envoyé—hôtel), Légation.

明天 mîng-t'iēn (*qui* brillera—jour), Demain.

後天 heóu-t'iēn (*d'*après—jour), Après-demain.

前天 ts'iên-t'iēn (antérieur—jour), Avant-hier.

昨天 tsô-t'iēn (hier-jour), Hier.

今天 kīn-t'iēn (actuel-jour), Aujourd'hui.

去年 k'iú-niên (partie-année), L'année passée.

今年 kīn-niên (actuelle-année), Cette année.

明年 mîng-niên (*qui* brillera—année), L'an prochain.

上月 cháng-yué (supérieure-lune), Le mois dernier.

本月 pèn-yué (foncière-lune), Le mois présent.

下月 hiá-yué (inférieure-lune), Le mois prochain.

年紀 niên-kì (*d'*années—notation), Age.

老頭兒 lào-t'eôu-eul, Vieillard.

樹林子 chóu-lîn-dzeu, Forêt, bois.

鎗子兒 ts'iāng-dzèu-eul, Balle de fusil.

鷄子兒 kī-dzèu-eul, Œuf de poule.

白果兒 pâi-koùo-eul, id. (litt.: Fruit blanc).

烟 (ou 煙) 壺兒 yēn-hoû-eul, Tabatière (litt.: Pot à herbe de fumée, ou tabac).

花兒洞子 houā-eul tóng-dzeu, Serre (Caverne à fleurs)[1].

Remarque. De semblables qualifications peuvent se composer de plusieurs mots:

大元帥 Tá yuân choúai, Généralissime (litt.: Grand premier général).

皇太后 Houâng-t'ái-heóu, Impératrice douairière (litt.: Souveraine suprême impératrice).

外國人 wái-kouô-jên, Etranger (d'extérieur-pays—homme).

火輪船 houô-louên-tch'ouân, Navire à vapeur (navire à feu et à roues).

火輪車 houô-louên-tch'ŏ, Wagon *ou* Train *de chemin de fer*.

自鳴鐘 tséu-mîng-tchōng, Horloge (cloche *qui* chante d'elle-même).

自行車 tséu-hîng-tch'ŏ, Voiture automobile *ou* Bicyclette.

山藥豆 chān-yáo-teóu, Pomme de terre (pois *de* médecine *de* montagne).

羊排骨 yâng-p'âi-kòu, Côtelette de mouton (os rangés *de* mouton).

地底鐵路 tí-tì-t'iè-lóu, Chemin de fer souterrain (le „Métropolitain").

2°. — D'autres substantifs sont formés d'un verbe suivi de son régime direct. Ils ont la même structure que nos noms composés Essuie-main, Porte-voix, etc. Ex.:

---

[1] A cette classe de substantifs on peut naturellement rattacher les noms à suffixes génériques de la Leçon XI.

14ᵉ Leçon.   79

總統 tsòng-t'òng (généraliser-totalité), Président de République.

將軍 tsiáng-kiūn (commander-armée), Maréchal.

督軍 toū-kiūn (diriger-armée), Gouverneur militaire de province.

領事官 lìng-ché-kouān, Consul (fonctionnaire conduisant *les* affaires).

主教 tchòu-kiáo (dominer-religion), Evêque.

董事 tòng-ché (administrer-affaires), Administrateur.

成衣 tch'êng-yī (faire-vêtements), Tailleur.

屛風 p'îng-fōng (abriter du—vent), Paravent.

取燈 ts'iû-tēng (procurer-lampe), Allumette.

點心 tièn-sīn (allumer-cœur), Collation; Dessert.

通事 t'ōng-ché (communiquer-affaires), Linguiste.

結果 kiê-koùo (nouer-fruit), Conclusion.

照相 (*ou* 像) tcháo-siáng (refléter-image), Photographie.

Remarque. Les noms de cette catégorie sont parfois précédés de qualifications:

總領事 tsòng-lìng-ché, Consul général.

名譽主席 mîng-yú tchoù-sî, Président honoraire (d'une assemblée, d'une société).

縣知事 hién-tchē-ché, Sous-préfet.

RÈGLE 38: — On a donné le nom de Postpositions à certains substantifs chinois qui, placés à la suite de noms ou de pronoms au génitif par position, se traduisent par des prépositions françaises: 裏 lì, l'Intérieur, est postposition dans la phrase 不在院子裏 póu tsái yuán-dzeu lì, Ce n'est pas DANS la cour (*litt.*: Ce n'est-pas-à l'intérieur de la cour). Dans cette autre phrase: 不在院子裏澆花兒 póu tsái yuán-dzeu lì kiāo houā-eul, Il n'arrose pas les fleurs dans la cour, — où le verbe principal n'est plus 在 tsái mais 澆 kiāo, — nous avons à la fois une Préposition (-verbe), 在 tsái, À, et une Postposition (-substantif), 裏 lì, DANS. Les principales postpositions sont:

裏 (ou 裡) lì, L'intérieur; — Dans (*composés:* 裏頭 lì-t'eôu, 裏面 lì-mién, 裏邊兒 lì-piē'eul [1]), Dans, à l'intérieur de).

中 tchōng, Milieu; — Dans; Au milieu de (*comp.:* 中間 tchōng-kiēn, 中間兒 tchōng-kiē'eul, *même sens*).

內 néi, L'intérieur; — Dans (*comp.:* 內中 néi-tchōng, A l'intérieur de, parmi).

間 kiēn, Intervalle; — Dans; Parmi; Entre (*comp.:* 當間兒 tāng-kiē'eul, 當中間兒 tāng-tchōng-kiē'eul, Dans; Parmi; Au milieu de, *litt.*: A l'intervalle du milieu).

外 wái, L'extérieur; — Hors de (*comp.:* 外頭 wái-t'eôu, 外面 wái-mién, 外邊兒 wái-piē'eul, Hors de).

上 cháng, Le dessus; — Sur; Au-dessus de (*comp.:* 上頭 cháng-t'eôu, Sur; Au-dessus de).

下 hiá, Le dessous; — Sous; Au-dessous de (*comp.:* 底下 tì-hiá, Sous; Au-dessous de, *litt.*: Fond-dessous).

前 ts'iên, Le devant; — Avant; Devant; Antérieurement à (*comp.:* 前頭 ts'iên-t'eôu, *id.*).

後 heóu, L'arrière; — Après; Derrière; Depuis (*comp.:* 後頭 heóu-t'eôu, *id.*).

旁 p'âng, Côté, bord; — A côté de (*comp.·* 旁邊兒 p'âng-piē'eul, *id.*).

的工夫 tī kōng-foū, La durée de; — Pendant, durant.

Les locutions postpositives suivantes sont empruntées à la langue écrite et s'emploient dans le bon langage:

之內 tchē-néi (之 tchē, marque du possessif, comme 的 tī dans la langue parlée), Dans; Parmi.

---

1) Prononcé communément lì-pēul.

14ᵉ Leçon.

之外 tchē-wái, Hors de.

之間 tchē-kiēn, Entre, dans l'intervalle de.

之前 tchē-ts'iên, Avant; Devant.

之後 tchē-heóu, Après; Derrière.

以前 yì-ts'iên (以 yì, Employer; Par, *instrumental*; *marque l'origine*), Avant; Devant; Auparavant.

以後 yì-heóu, Après; Derrière, Depuis.

以來 yì-lâi, A partir de; Depuis.

以北 yì-pèi, Au nord de.

以南 yì-nân, Au sud de.

Ex.: 您在我之 (*ou* 以) 前 nîn tsái wò tchē (*ou* yì) ts'iên, Vous êtes avant moi.

我要上他那裏去 wò yáo chàng t'ā ná-lì k'iú, J'irai chez lui *ou* auprès de lui.

Remarque. La locution postpositive 的時候 ti chê-héou (*ou* 的時候兒, *prononcez:* ti chê-rh'eúl), *Au* moment où, équivaut aux conjonctions françaises Quand, Lorsque: 我父親來的時候 wò fóu-ts'īn lâi ti chê-héou, Quand mon père vient.

D'autre part: 他沒說什麼時候要來 t'ā mêi chouŏ chê-mŏ chê-heóu yáo lâi, Il n'a pas dit quand il viendrait.

THÈME 14.

J'ai mangé hier *des* œufs, *des* côtelettes, *des* pommes de terre *et du* dessert: que me donneras-tu *à* manger aujourd'hui? — Dans *la* cour, il veut *des* lampes électriques. — N'y a-t-il pas *de* l'eau sous l'herbe? — *Le* sous-préfet est allé dans ce lieu, l'an dernier. — Regardez au-dessus de *votre* tête; regardez, en outre, derrière *la* porte. — Il y a, dans *la* ville murée, *un* chemin *de* fer nouvellement ouvert. — Je n'ai pas vu *qu'*il fût parmi *les* administrateurs. — Après qu'il eut un capital, son commerce fut vraiment grand. — Quand partez-vous? — Quand vous vous en irez, je vous reconduirai avec mon frère cadet. — A côté de *la* maison, il y a *de* grands arbres. — Cette sous-préfecture se trouve à l'ouest de Pékin. — *Les* visiteurs sont en dehors de *la* grande salle, dans *la* cour. — *Les* matériaux ne peuvent être tous (*traduisez* entièrement) sous *les* sapins. — Je n'ai pas remarqué s'il y avait *du* pain sur *la* chaise (*ou* non).

VERSION 14.

先生使鉛筆寫字不使、中國紙上不好用外國鐵筆寫字、我昨天沒有上那兒去、可是有意思要請你跟我同去一回。說挨着河那裏有一个大樹林子。據外邊兒的人說山上老虎多又利害、人不敢去。因為他把那个老頭兒打死了。我下月要上京的時候必得坐火車去。的衣裳都攔在第三个箱子裏面可惜這四五年之內偺們都沒得什麼好處。常有火輪船到這裏來。我沒在北京兩年的工夫。

LEÇON XV.

Noms périphrastiques. Mesure et durée. Comparatifs.

Certains substantifs français ont pour équivalents chinois des périphrases familières, telles que „l'homme qui lit les livres" 念書的人 nién chōu ti jên, signifiant le Lettré. Autres exemples usuels :

做官的 tsó-kouān-ti (qui fait le fonctionnaire), Fonctionnaire.

當兵的 tāng-pīng-ti (qui fait fonction de soldat), Soldat.

當差的 tāng-tch'āi-ti (qui remplit *une* mission), Préposé officiel.

掌櫃的 tchàng-kouéi-ti (qui tient en main *la* caisse), Patron ; Caissier.

管事的 kouàn-ché-ti (qui dirige *les* affaires), Intendant.

看門的 k'ān-mên-ti (qui garde *la* porte), Portier.

趕車的 kàn-tch'ō-ti (qui conduit *une* voiture), Cocher.

說書的 choūo-choū-ti (qui dit *des* livres), Conteur public.

管船的 kouàn-tch'ouân-ti (qui dirige *le* bateau), Patron de jonque, de bateau.

跑信的 p'ào-sín-ti (qui court *pour porter* des lettres), Courrier.

討飯的 t'ào-fán-ti (qui demande *de la* nourriture), Mendiant.

打更的 tà-kīng-ti (qui bat *les* veilles), Veilleur de nuit.

On dit de même : 跟班的 kēn-pān-ti, ou 跟班兒的 kēn-pā'eul-ti, pour un Domestique (*litt.*: un De la classe qui suit) [1]), 該班兒的 kāi-pā'eul-tí, pour une Personne qui est de service (*litt.*: un De la classe due, Du personnel d'office).

Remarque : Si les mots précédents sont employés au possessif, la particule 的 tī, De, n'est pas répétée. Ex. :

看門的兒子 k'ān-mên-ti eûl-dzeu, Le fils du portier.

---

[1]) Ou „Boy", domestique servant à table et valet de chambre, par opposition aux coulis (苦力 k'où-lí), chargés des gros ouvrages.

RÈGLE 39: — L'expression de la mesure ou de la durée dans lesquelles un fait se produit prend place après le verbe. Ex.:

您比我大三歲 nîn pì wò tá sān souéi, Vous êtes plus grand que moi de trois ans.

耐久 nái kièou, Durer longtemps.

差不多 tch'ā póu touō, Différer *de* pas beaucoup; A peu près, presque.

寶塔高三十丈零五尺 pào-t'à kaō sān-chê tcháng lîng woù tch'è, La pagode est haute de trente **tcháng** et cinq pieds (305 pieds).

我在英國住了三年 wò tsái Yīng-kouô tchóu leào sān niên, Je suis resté trois ans en Angleterre.

他來了不大的工夫 t'ā lâi lo póu-tá-ti kōng-fōu, *ou* 他來了工夫不大 t'ā lâi lo kōng-fōu póu tá, Il est venu *depuis* peu de temps.

你叫我們等了好一會兒 nì kiáo wò-mēn tèng lo hào yí hw'eúl, Tu nous as fait attendre un bon moment.

用沒了 yóng mêi lo, Employer *jusqu'à ce qu'*il n'y *en* ait plus = User.

高極了 kāo kî lo, Etre haut *dans la mesure où l'*extrême est réalisé = Etre extrêmement haut.

好殺了 hào chā lo, Bon *dans la mesure où* tuer *serait* réalisé = Bon à l'excès.

吃飽了 tch'ē pào lo, Manger *jusqu'à* satiété, Etre rassasié.

喝彀了 hō keóu lo, Avoir bu suffisamment.

寫完了 siè wân lo, Ecrire *jusqu'à* avoir fini, Avoir fini d'écrire.

1ère Remarque. L'expression de la mesure ou de la durée peut aussi être traitée comme une locution adjective ou adverbiale qualifiant un nom ou un verbe et, comme telle, précéder ces mots. Ex.:

六尺高的人少 liéou tch'è kāo ti jên chào, Les hommes de la hauteur de six pieds sont rares.

15e Leçon.

他好些日子沒有回家 t'ā hào-siē jé-dzeu mêi-yeòu hoûei kiā, *Depuis (pendant) bien des jours, il n'est pas retourné chez lui.*

不能二寸寬 póu nêng eúl ts'ouén k'ouān, *Ce ne peut être large de deux pouces.*

2ème Remarque. Parfois l'expression de la mesure est gouvernée par le verbe 得 tô, Obtenir, que l'on prononce alors tê (comme les mots français Tes ou Taie) et auquel peut être substituée la particule euphonique 的 tĭ [1]). Ces mots correspondent à notre A (jusqu'à), précédant une mesure. Ex. :

近得很 kín tê hèn, Etre près à en obtenir l'intensité = Etre très près (ou 近的很 kín ti hèn, *même sens*).

高得 (ou 的) 利害 kaō tê (ou ti) lí-haí, Etre haut jusqu'à terrible = Etre terriblement haut.

快得 (ou 的) 了不得 k'ouái tê (ou ti) leào póu tô, Etre rapide à ne pas pouvoir se réaliser = Etre rapide à l'impossible (extrêmement).

COMPARATIF DE SUPÉRIORITÉ. — Le comparatif n'a pas, en chinois, de forme particulière. 這个多、那个少 veut aussi bien dire „Ceci est beaucoup et cela est peu" que „Ceci est plus et cela est moins". L'emploi du comparatif de supériorité, en traduction, résultera donc de l'indication dans le discours d'une comparaison établie, notamment, comme nous en avons déjà vu des exemples, à l'aide des mots 比 pí, Comparativement à, 憑 p'îng, En se basant sur, Auprès de (qui remplace 比, dans le parler familier de Pékin), 更 kéng, Plus, 還 hâi *ou* hân, Encore, Plus, 一點兒 yí tiè'eul, Un peu, 些 siē, Un peu, 再 tsái, Encore, Plus.

那一塊更貴 nái-k'ouái kéng kouéi, *Ce morceau-là est plus cher.*

比那个還穩當 pí ná-kó hâi wèn-tāng, *Il est plus stable que celui-là.*

憑你的妥當一點兒 p'îng nì-ti t'ò-tāng yí tiè'eul, *C'est un peu plus convenable que le tien.*

---

1) Voir note 2, page 71.

那一个好些 nài-kó hào siē, Lequel est meilleur?
再賤的沒有 tsái tsién ti mêi-yeòu, Il n'y en a pas de meilleur marché.
再沒有比大夫聰明的 tsái mêi-yeòu pì tái-foū ts'ōng-mîng-ti, Il n'y en a pas qui soit plus intelligent que le médecin [1]).

De même:

貴多了 koúei toūo lo, Beaucoup plus cher.
長兩倍 tch'âng leàng péi,
兩倍長 leàng péi tch'âng, } Deux fois plus long.
這一个深好幾倍 tchéi-kó chēn hào kì péi, Celui-ci est bien des fois plus profond.
多多了 toūo toūo ló, Beaucoup plus, Beaucoup plus nombreux.

Remarque. Parfois la comparaison, établie dans la pensée, n'est marquée par aucune expression et la vraisemblance doit seule déterminer l'emploi du comparatif, en traduction. Ex.:

我的驢高三寸 wò-ti lû kāo sān ts'ouén, Mon âne est plus haut de trois pouces.
他大兩歲 t'ā tá leàng soúei, Il est plus âgé de deux ans.

COMPARATIF D'ÉGALITÉ. — Il résulte de l'emploi de locutions adverbiales telles que 一樣 yí-yáng, 一般兒 yí pā'eul, De la même manière, 這麼 tchó-mō, Ainsi, comme ceci, 那麼 ná-mō, Ainsi, Comme cela, etc. Ex.:

兩個功課一樣難 leàng-kó kōng-k'ó yí-yáng nân, Les deux devoirs sont aussi difficiles.
銅跟石頭是一般兒硬的 t'ông kēn chê-t'eou ché yí-pā'eul yíng-ti, Le cuivre est aussi dur que la pierre.
都是這麼軟 (ou 輭) toū ché tchó-mō jouàn, Tout est aussi mou que ceci.
如同他那麼明白 joû-t'ông t'ā ná-mō mîng-pâi, Aussi intelligent que lui.

---

[1]) Remarquer, dans 大夫 Médecin, la prononciation archaïque tái de 大 tá, Grand. Les tái-fōu étaient, dans l'antiquité, les Magistrats ou Hauts fonctionnaires.

照自行車這樣快 tcháo tséu-hîng-tch'ō tchó-yáng k'oúai, Aussi rapide qu'un vélocipède (*ou* une automobile).

沒這麼樣軟弱的 mêi tchó-mō-yáng jouàn-jó-ti, Il n'y en a pas d'aussi faible que ceci.

COMPARATIF D'INFÉRIORITÉ. — Indépendamment de l'emploi de 少 chào, Peu, Moins, le comparatif d'infériorité est exprimé par des verbes négatifs, Ne pas avoir, Ne pas atteindre à, etc. Ex.:

少十个 chào chê-kó, Dix de moins (*litt.*: Moins *dans la mesure de* dix unités).

少多了 chào toūo ló, Beaucoup moins.

少請四个人 chào ts'ìng sséu-kó jên, Inviter quatre personnes de moins.

多給少給 touō kèi chào kèi, Donner plus (*ou* en plus) ou donner moins (*ou* en moins).

沒有這个方便 mêi-yeoù tchó-kó fāng-pién, Moins commode que ceci.

不及皇宮那麼華麗 póu kî houâng-kōng ná-mō houâ-lí, C'est moins somptueux que le palais impérial.

比他不實在 pì t'ā póu chê-tsái, Moins sincère que lui.

THÈME 15 [1]).

Le commerce que fait son ami est encore plus grand que le vôtre. — Fais venir le patron du bateau et dis-lui qu'il faudra marcher très vite. — Les deux mendiants sont encore venus : donne-leur moins de monnaie qu'hier. — La cour de la nouvelle maison est plus de dix fois plus grande que celle-ci. — Il est demeuré avec moi six jours. — Il est beaucoup plus intelligent que mon frère cadet. — Monsieur, donnez-m'en trois de plus et ce sera fini. — Il est trop exigeant et n'est pas aussi sincère

---

1) Les mots français qui ne doivent pas être rendus en chinois ne seront plus indiqués, dans les thèmes, par des soulignés (*italique*), sauf dans les cas où l'élève pourrait se trouver légitimement embarrassé. Voir la note au bas de la page 9.

que son père. — Ton fils est plus âgé que le mien de cinq ans. — Le vêtement de mon frère aîné est aussi solide. — Il y a vingt soldats *que l'on* dit devoir rester (à) ici deux ou trois mois. — Je dis que j'ai encore plusieurs affaires importantes que je n'ai pas fini de traiter. — Ce tailleur vous fera des vêtements un peu plus élégants. — Mon jardin est long de soixante-quinze pieds: il est plus petit que celui du médecin. — Dans ce lieu, les dames sont beaucoup plus nombreuses que les messieurs. — Il faut du bois de huit pieds de long. — Ceci n'est pas aussi bon marché que cela.

VERSION 15.

我的衣裳都是舊材料做的、不能耐久了。您爲什麼不叫裁縫再給您做新的、切實一點兒。離河口不遠那裡有山、必高兩倍。驢沒有馬那麼大、可是也能走得遠。您的靴子比客人的體面多了。倒差不多都是這麼貴的。善良的人、僕們總是喜歡得很。他管的事情妥當些。椅子是三尺四寸高、好的了不得了。肉不差什麼你就多買一斤罷。還比昨天少一點、更好是跟他要那麼多、就穀吃了。行了。

LEÇON XVI.

Noms polysyllabiques. Superlatifs. Verbes à régimes habituels.

Il arrive parfois que deux ou plusieurs monosyllabes inséparables s'unissent pour former un substantif. C'est le cas de la plupart des noms d'origine étrangère.

玻璃 poŭo (*ou* p'ouŏ)-lî, Verre.
軲轆 koū-loú, Roue.
衚衕 (*vulgt.* 胡同) hoû-t'óng, Ruelle; Rue.
籬笆 lî-pā, Haie.
疙瘩 kŏ-tā (*vulgt.* kā-tā), Excroissance de chair, bouton.
駱駝 louó-t'ŏ, Chameau.
螞蟻 mà-yì, Fourmi.
蝦蟆 hā-mâ, (*ou* hŏ-mô), Grenouille; Crapaud.
蛤蜊 kŏ-lí, Coquillage.
蝴蝶兒 hoû-tiè-eul, Papillon.
瑪瑙 mà-nào, Agate.
琵琶 p'î-p'â, Guitare.
枇杷 p'î-p'â, Bibas (*ou* Nèfle du Japon).
檳榔 pīn-lâng, Arec, noix d'arec.
橄欖 kàn-làn, Olive, olivier *chinois*.
葫蘆 hoû-loû, Calebasse.
菩薩 p'oû-sá, Bodhisattva (poussah).
羅漢 lô-hán, Arhân *ou* Arhat.
和尙 hô-cháng, Bonze, *religieux bouddhiste*.
阿渾 ā-hoûn, Akhound, *prêtre musulman*.
咖啡 kā-feī, Café.
伯理璽天德 Pô-lì-sì-t'iĕn-tô, Président de République.
達賴喇嘛 Tā-lái lā-mâ, Dalai Lama.

德 (ou 得) 律風 tô-lú-fōng, Téléphone.

法郎克 fâ-lâng-k'ó, ou 佛郎 fô-lâng, Franc, *monnaie*.

邁當 mái-tāng, Mètre.

生的邁當 chēng-tī-mái-tāng, ou 生的 chēng-tī, Centimètre.

SUPERLATIF ABSOLU. — Nous avons déjà vu (RÈG. 30) que le redoublement d'un adjectif ou d'un adverbe est une des formes du superlatif absolu. Celui-ci est aussi indiqué:

1°. Par l'emploi d'un adverbe, tel que 很 (ou 狠) hèn, 甚 chén, 最 tsoúei, 極 kî, 頂 tìng ou 頗 p'ō, qui signifient Très, Extrêmement, et qui se placent avant. Ex.:

很爽快 hèn chouàng-k'ouái, Très franc ou Très dispos.

那一个比方甚好 nái-kó pì-fāng chén hào, Cette comparaison est très bonne.

最寬闊的 tsoúei k'ouān-k'ouó-ti, Très vaste.

廟裡頭有極大的佛爺 miáo lì-t'eou yeoù kî tá ti Fouô-yê, Dans le temple, il y a *un* Bouddha extrêmement grand.

頂便宜的貨物 tìng p'iên-yí ti houó-wóu, Des marchandises très bon marché.

頗不容易 p'ō póu jông-yí, *C'est* fort malaisé.

他很愛說笑話 t'ā hèn ngái chouō siáo houá, Il aime beaucoup à dire des plaisanteries.

2°. Par la présence, après l'adjectif ou le verbe, d'une locution de mesure, marquant l'intensité. Les plus usitées de ces locutions sont:

得很 (ou 狠) tê hèn (*litt.*: à en obtenir l'intensité) ou son équivalent 的很 (ou 狠) ti hèn; 得 (ou 的) 利害 tê lí-hái (*litt.*: à en devenir terrible); 得 (ou 的) 了不得 tê (ou ti) leào póu tô (*litt.*: à tel point que réaliser ne se puisse; à n'en pas finir);

得 (ou 的) 慌 tê (ou ti) houàng (*litt.*: à en être insensé); 極了 kî lo (*litt.*: à l'extrême réalisé); 至極 tché kî (*litt.*: à en

16e Leçon.

atteindre le faîte); 之至 tchē tché (*litt.*: à en arriver à l'extrémité); 不過 póu kouó (*litt.*: à ne pas dépasser); 到家 táo-kiā (*litt.*: à en arriver à domicile), qui toutes, avec leurs nuances propres, équivalent à nos mots Très et Extrêmement. Ex.:

當時平得很 tāng chê p'îng tê hèn, *C'était* très plat, alors.

脾氣壞的利害 p'î-k'í houái ti lí-hái, *Son* caractère est terriblement mauvais.

水淺的了不得 chouèi ts'ièn ti leào póu tô, L'eau est extrêmement peu profonde.

累得慌 léi tê houàng, Excessivement fatigué.

現在多極了 hién-dzái[1]) toūo kî lo, Maintenant, ils sont très nombreux.

好不過 hào póu kouó, Aussi bon que possible.

好到家 hào táo kiā, Parfaitement, *ou* Tout à fait bon.

SUPERLATIF RELATIF. — Il résulte d'une comparaison établie et de l'emploi de l'un des mots 最 tsoúei, 頂 tìng ou 至 tché (ce dernier signifie Extrêmement, dans le style écrit):

最強橫的那一个 tsoúei k'iâng-héng ti nái-kó, Le plus violent (*litt.*: Celui-là, le plus violent).

頂不好走的路 tìng poú hào tseòu ti loú, La route la moins bonne à parcourir.

那十个之內、是最高的 ná chê-kó tchē néi, ché tsoúei kaō ti, C'est le plus haut, parmi ces dix-là.

頂光潤的不是我預備的 tìng kouāng-joún tí póu ché wò yú-péi ti, Le plus brillant n'est pas *celui* que j'ai préparé.

至多 tché touō, Le plus; Au plus; Maximum.

至少 tché chào, Le moins; Au moins; Minimum.

---

1) Dans l'adverbe 現在 (*litt.*: présentement étant *là*), qui signifie Maintenant, A présent, le mot **tsái** est toujours adouci en **dzái** (*conf.*: 于, 字 dzeu).

Nombre de verbes neutres ou réfléchis français et quelques verbes actifs ont pour équivalents chinois des locutions formées d'un verbe et de son régime direct. Obéir, verbe neutre, est ainsi traduit par 從命 ts'ông míng, Suivre un ordre. On dit de même pour :

Parler :	說話	chouŏ houá, Dire des paroles.
Lire :	看書	k'án chōu, Regarder un livre.
Etudier :	念書	nién chōu, Lire à haute voix un livre.
Ecrire :	寫字	siè dzéu, Ecrire des caractères.
Signer :	畫押	houá yâ, Tracer une signature.
Destituer :	革職	kŏ tchê, Supprimer une fonction officielle.
Travailler :	作活	tsó houŏ, Faire le vivre.
Id.	用功	yóng kōng, Employer son labeur.
Manger :	吃飯	tch'ē fán, Manger des aliments.
Savoir :	知道	tchē taó, Connaître la voie *ou* Savoir dire.
Etre utile :	中用	tchóng yóng, Atteindre à l'usage.
Dormir :	睡覺	chouéi kiáo, Endormir la sensation.
Nager :	浮水	foú chouèi, Flotter sur l'eau.
Se peigner :	梳頭	chōu t'eôu, Peigner la tête.
Perdre :	吃虧	tch'ē k'ouēi, Manger un déficit *ou* dommage.
Fumer :	吃煙	tch'ē yēn, Manger de la fumée *de tabac*.
Partir :	起身	k'ì chēn, Lever son corps.
Id.	動身	tóng chēn, Mettre en mouvement son corps.
S'enrichir :	發財	fā ts'âi, Développer ses richesses.
Mentir :	撒謊	sá houàng, Répandre le mensonge.
Sonner :	拉鈴	lā lîng, Tirer la sonnette.
S'efforcer :	使勁	chè kíng, Employer sa force.
Déménager :	搬家	pān kiā, Déplacer sa maison.
Sortir :	出門	tch'ōu mên, Sortir de la porte.
Marcher :	走道兒	tseòu tào-eul, Parcourir le chemin.
Convenir :	合式	hô ché, Concorder avec le modèle.

16e Leçon.

Se tranquilliser : 放心 fáng sīn, Relâcher, Libérer son cœur (*ou* esprit).
Etre satisfait : 得意 tŏ yí, Obtenir son désir.
Réussir : 得力 tŏ lí, Obtenir son effort ; 得手 tŏ cheòu, Obtenir la main ; 成功 tch'êng kŏng, Accomplir une œuvre.
Vaincre : 得勝 tŏ chéng, Obtenir la victoire.
Digérer : 化食 houá chê, Transformer les aliments.

Sont formés de même :

小心 siào sīn, Apetisser son cœur (*ou* esprit) = Faire attention.
留神 lieôu chên, Garder *ou* Retenir son esprit *sur quelque chose* = id.

Le verbe 打 tà, Frapper, sert à former un grand nombre de composés du même genre, dans lesquels sa signification se réduit souvent à celles de Faire ou de Mettre la main à. Ex. :

打開 tà k'āi, Ouvrir.
打算 tà souán, Compter, Supputer.
打聽 tà t'īng, S'enquérir de.
打掃 tà sào, Balayer.
打發 tà fā, Envoyer.
打呼 tà hōu, Ronfler.

打扮 tà pán, Se costumer.
打閃 tà chàn, Eclairer, Il fait des éclairs.
打死 tà ssèu, Tuer.
打仗 tà tcháng, Combattre.
打獵 tà lié, Chasser.
打圍 tà wêi, Faire une battue.

1ère Remarque. Le deuxième terme des locutions verbales qui précèdent peut occasionnellement être accompagné d'une qualification :

睡兩个覺 choúei leàng-kó kiáo, Faire deux sommes.
打了勝仗 tà leào chéng tcháng, Avoir gagné une bataille.
吃大煙 tch'ē tá yēn, Fumer l'opium (*litt.*: le grand tabac).
留一點兒神 lieôu yí tiè'eul chên, Faire un peu attention.
拉三回鈴 lā sān hoúei lîng, Tirer trois fois la sonnette.

2ème *Remarque*. Les verbes chinois admettant parfois à leur suite deux compléments d'ordres différents, on dit:

我請教您有什麼事 wǒ ts'ìng-kiáo nîn yeòu chê-mō ché, Je vous prie de me dire (*litt.*: Je „prie-de-m'instruire" vous *sur*) quelles affaires il y a.

你得小心這個 nì tèi siào-sīn tchó-kó, Tu dois faire attention à ceci.

他知道新法 t'ā tchē-táo sīn fâ, Il connaît la nouvelle méthode.

忘記那个 wâng-kí ná-kó, Oublier cela.

得罪他 tô-tsoúei t'ā, L'offenser.

Thème 16.

Quand ils boivent du vin, ils ne se servent pas de verres (*trad.*: tasses de verre). — Dans le nord de la Chine, les chameaux sont extrêmement nombreux. — *Pour* les deux objets les plus grands, il demande quinze francs. — Mon second fils étudie maintenant; l'année dernière, il ne pouvait pas écrire. — Je vous prie de me dire *s*'il y a des bonzes dans ce temple ou non. — Il a la plus grosse part; mais il n'est pas encore satisfait. — Je n'aime pas les olives; ce que j'aime le plus, ce sont les bibas. — Il est rentré chez lui sans avoir parlé et sans avoir dormi. — Ce n'est pas: il m'a parlé deux ou trois fois. — Parmi ces quelques dizaines d'étudiants, c'est lui qui est le plus intelligent. — Lorsqu'il est allé à la frontière comme soldat, il a combattu plusieurs fois. — Alors, il ne pouvait pas travailler constamment. — On dit qu'il s'est grandement enrichi. — Le café qu'il m'a préparé est excessivement bon. — Ce bois, trop long, est inutil*isable*.

VERSION 16.

王先生住在西城一個頂小的衕衕兒裡頭、要是搬家好極了。靠河邊兒的那个大廟有很多的和尚也有無數的菩薩。我要是見活的老虎、必是怕的了不得。您是走遠道兒來的明天要坐火車回去就方便得多。他辦的兩樣事情都沒成功、還不可惜麼。這個倒合式到家、我們就放心了。我知道您也有些得意的事情不妨告訴朋友們罷。可不是嗎、也要喜歡的利害。山底下有草地是平平的很好走、可是要留神水。這兩个孩子頂老實。

LEÇON XVII.
Deux classes de numérales.

Parmi les Numérales (*voir* RÈG. 8), il y a lieu de distinguer deux classes, comprenant :

1°. celles (QUALIFICATIVES) qui marquent l'unité, en apportant un élément de détermination au substantif qui suit, quant à sa nature ; ex. : 件 **kién**, Pièce, sert de numérale aux affaires, objets, vêtements, documents ; dans 一件事 **yí kién ché**, Une affaire, **kién** détermine de quel **ché** il est question (个 **kó** serait plus vague) ;

et 2°. celles (QUANTITATIVES) qui indiquent la quantité considérée dans l'objet ou les objets énoncés ensuite ; ex. : 塊 **k'ouái**, Morceau, joint à 木頭 **moú-t'eou**, Bois, dans l'expression 一塊木頭 **yí k'ouái moú-t'eou**, Un morceau de bois, limite la quantité du bois à un morceau.

I. NUMÉRALES QUALIFICATIVES.

Généralement intraduisibles en français, elles ont cependant quelques équivalents dans nos locutions Dix TÊTES de bétail, Deux PIEDS de salade, etc. On dit, en chinois : Une ÉTENDUE *de* table, 一張桌子 **yí tchāng tchouō-dzeu**, pour Une table ; Une TÊTE *de* bœuf, 一頭牛 **yí t'eôu nieôu**, pour Un bœuf ; Une LONGUEUR *de* route, 一條路 **yí t'iâo loú**, pour Une route ; etc.

Indépendamment de 个 (箇 *ou* 個) **kó** (Individu, unité), qui pourrait les remplacer toutes par la généralité de son emploi, les numérales les plus usitées de la première classe sont :

件 **kién** (Pièce) : 一件東西 **yí kién tōng-sī**, Un objet ; 兩件衣裳 **leàng kién yī-chāng**, Deux vêtements ; 一件意思 **yí kién yí-ssēu**, Une idée, Une signification ; 幾件文書 **kì kién wên-chōu**, Quelques dépêches.

張 **tchāng** (Etendue), num. des objets étendus : 一張椅子 **yí tchāng yì-dzeu**, Une chaise ; 四張紙 **sséu tchāng tchè**, Quatre papiers *ou* feuilles de papier.

17e Leçon.

把 pà (Poignée), num. des objets ayant un manche: 一把刀子 yí pà tāo-dzeu, Un couteau; 三把扇子 sān pà chán-dzeu, Trois éventails; 四把勺兒 sséu pà chaô-eul, Quatre cuillères. On dit aussi: 一把椅子 yí pà yì-dzeu, Une chaise.

條 t'iaô, (Rameau), num. des objets longs: 一條河 yí t'iaô hô, Un fleuve; 兩條龍 leàng t'iaô lông, Deux dragons; 三條狗 sān t'iaô keòu, Trois chiens; 這一條蛇 tchéi t'iaô chô, Ce serpent-ci; 那一條魚 nái t'iaô yû, Ce poisson-là.

位 wéi (Position), num. des personnes respectables et aussi des canons: 一位先生 yí wéi siēn-chēng, Un maître, Un monsieur; 一位老爺 yí wéi laò-yê, 一位大人 yí wéi tá jên, Un monsieur (mandarins qualifiés de **Lào-yê** ou de **Tá-jên**, en vertu de leur rang dans la hiérarchie officielle); 一位客人 yí wéi k'ó-jên, Un visiteur, Un invité.

頭 t'eôu (Tête), num. des bœufs, ânes et mulets: 一頭驢 yí t'eôu lû, Un âne; 一頭騾子 yí t'eôu louô-dzeu, Un mulet, Une mule.

隻 tchē (Objet simple, par opposition à la Paire, 雙 chouāng), num. des yeux, bras, mains, pieds, chaussures; aussi des navires, de la volaille, des boîtes et de certains animaux: 一隻手 yí tchē cheòu, Une *seule* main; 一隻眼睛 yí tchē yèn-tsīng, Un œil; 兩隻胳膊 leàng tchē kô-péi (*ou* pó), Les deux bras; 那一隻船 nái tchē tch'ouân, Quel navire? 一隻鴨子 yí tchē yā-dzeu, Un canard; 幾隻牛 kì tchē nieôu, Combien de bœufs (*moins de dix*)?

棵 k'ō, num. des arbres et plantes: 一棵樹 yí k'ō choú, Un arbre; 兩棵生菜 leàng k'ō chēng-ts'ái, Deux salades.

根 kēn (Racine), num. des tiges, bâtons, poils: 一根草 yí kēn ts'ào, Un brin d'herbe; 一根棍子 yí kēn kouén-dzeu, Un bâton, Une canne; 一根毛 yí kēn mâo, Un poil.

所 sò (Lieu), num. des maisons entières : 一所房子 yí sò fâng-dzeu, Toute une maison.

匹 p'ì, num. des chevaux, mulets, etc. : 兩匹紅馬 leàng p'ì hông mà, Deux chevaux bruns.

座 tsoúo (Socle, Base), num. des montagnes, pagodes, ponts, etc. : 一座山 yí tsouó chān, Une montagne ; 一座橋 yí tsouó k'iâo, Un pont.

尊 tsouēn (Respectable), num. des canons, des Bouddhas, etc. : 一尊礮 yí tsouēn p'áo, Un canon ; 一尊佛爺 yí tsouēn Fouô-yê, Un Bouddha.

眼 yèn (Œil), num. des puits : 一眼井 yí yèn tsìng, Un puits.

面 (ou 靣) mién (Surface), num. des miroirs, gongs, drapeaux : 一面鑼 yí mién louô, Un gong ou tam-tam.

口 k'eòu (Bouche), num. des sabres, cloches, ustensiles : 一口刀 yí k'eòu taō, Un sabre.

股 koù (Jambe), num. des chemins et objets ayant un cours : 一股道 yí koù táo, Un chemin ; 一股水 yí koù choùei, Un cours d'eau ; 一股風 yí koù fōng, Un vent, Un courant d'air.

顆 k'ō (Petite boule), num. des perles, sceaux, têtes coupées : 一顆印 yí k'ō yín, Un sceau.

桿 kàn (Hampe), num. des fusils ou lances : 一桿槍 (ou 鎗) yí kàn ts'iāng, Un fusil, Une lance.

朶 (ou 朵) tò (Bouton de fleur), num. des fleurs : 一朶花 yí tò houā, Une fleur.

頂 tìng (Sommet de la tête), num. des chapeaux, des chaises à porteurs : 一頂帽子 yí tìng máo-dzeu, Un chapeau ; 一頂轎子 yí tìng kiáo-dzeu, Une chaise à porteurs.

枚 mêi (Tige), num. des fruits, monnaies, clous : 一枚果子 yí mêi koùo-dzeu, Un fruit.

輛 leáng (Paire de roues), num. des voitures : 一輛車 yí leáng tch'ō, Une voiture.

17ᵉ Leçon.

乘 tch'êng (Monter), num. des chaises à porteurs : 一乘轎子 yí tch'êng kiáo-dzeu, Une chaise à porteurs.

幅 foû (Bande), num. des étoffes, dessins, etc. : 一幅地圖 yí foû tí t'oû, Une carte géographique.

句 kiú (Phrase), num. des paroles : 三句話 sān kiú houá, Trois phrases, Trois paroles.

封 fōng (Sceller, Fermer), num. des lettres : 一封信 yí fōng sín, Une lettre.

管 kouàn (Tube), num. des pinceaux, des flûtes : 一管筆 yí kouàn pì, Un pinceau.

枝 tchē (Branche), num. des pinceaux, fleurs, flûtes : 一枝筆 yí tchē pì, Un pinceau.

盞 tchàn (Godet, Coupe), num. des lampes : 一盞燈 yí tchàn tēng, Une lampe.

椿 tchouāng (Pieu), num. des affaires : 一椿事情 yí tchouāng ché-ts'îng, Une affaire.

道 táo (Voie, Dire), num. des rivières, ponts, documents officiels : 一道江 yí táo kiāng, Une rivière, Un fleuve ; 一道上諭 yí táo Cháng-yú, Un décret de l'Empereur ; 一道國書 yí táo Kouô-choū, Une lettre d'Etat ; 一道告示 yí táo káo-ché, Une proclamation.

尾 wèi (Queue), num. des poissons : 一尾魚 yí wèi yû, Un poisson.

堵 toù (Boucher, Obturation), num. des murs : 一堵墻 yí toù ts'iâng, Un mur.

II. Numérales quantitatives.

Les numérales de la seconde classe correspondent à nos expressions de quantité dans Trois FEUILLES de papier, Une PAIRE de souliers, Une DEMI-journée, Douze LIVRES de farine, etc.

塊 k'ouái (Morceau) : 一塊肉 yí k'ouái jeóu, Un morceau de viande ; 一塊墨 yí k'ouái moúo, Un bâton d'encre de Chine ; 一塊洋錢 yí k'ouái yâng ts'iên, *ou* 一塊錢

yí k'ouái ts'iên, Un dollar, Une piastre (*litt.*: Un morceau *de* monnaie étrangère); 兩塊板子 leàng k'oúai pàn-dzeu, Deux planches.

間 kiēn (Entre-colonnement, Travée): 一間屋子 yí kiēn wŏu dzeu, Une chambre (formée par l'espace compris entre quatre colonnes de bois).

層 ts'êng (Etage): 一層樓 yí ts'êng leôu, Un étage de maison.

點 (*ou* 点) tièn (Point): 兩點鐘 leàng tièn tchōng, Deux heures *européennes* (*litt.*: Deux points de l'horloge).

下 hiá (Coup): 三下鐘 sān hiá tchōng, Trois heures *européennes* (*litt.*: Trois coups de l'horloge).

綑 k'ouèn (Faisceau, Echeveau): 一綑草 yí k'ouèn ts'aò, Une botte de paille, *ou* d'herbe; 一綑線 (*ou* 綫) yí k'ouèn sién, Un écheveau de fil.

對 touéi (Paire): 一對鴿子 yí touéi kō-dzéu, Une paire *ou* Une couple de pigeons.

雙 (雙 *ou* 双) chouāng (Paire): 一雙靴子 yí chouāng hiuē-dzeu, Une paire de bottes *ou* bottines.

包 pāo (Paquet): 一包衣服 yí pāo yī-foû, Un paquet de vêtements.

本 pèn (Cahier): 一本書 yí pèn choū, Un cahier, fascicule *ou* volume *d'un livre*.

套 t'áo (Enveloppe): 一套書 yí t'áo choū, Une enveloppe *ou* boîte de *plusieurs* volumes.

部 poú (Classe); 一部書 yí poú choū, Un ouvrage entier.

吊 tiáo (Pendre): 两吊錢 leàng tiáo ts'iên, Deux ligatures (enfilades) de sapèques, Deux TIAO.

文 wên (Sapèque): 幾文錢 kì wên ts'iên, Quelques sapèques (*de* monnaie).

堆 touēi (Tas): 一大堆土 yí tá touēi t'où, Un grand tas de terre.

刀 tāo (Couteau): 一刀紙 yí tāo tchè, Une rame de papier (*litt.*: Une coupe de papier).

17e Leçon.

首 cheòu (Tête): 一首詩 yí cheòu chē, Une strophe, Une pièce de vers.

疋 p'ì (Pièce d'étoffe): 一疋緞子 yí p'ì touán-dzeu, Une pièce de satin.

扇 chán (Eventail): 兩扇門 leàng chán mên, Deux vantaux *ou* battants de porte.

篇 p'iēn (Feuillet de livre, Page): 一篇文章 yí p'iēn wên-tchāng, Une composition de style.

片 p'ién (Morceau): 一片土 yí p'ién t'où, Une parcelle de terre.

段 touán (Fragment): 一段地 yí touán tí, Une pièce de terre.

粒 lí (Grain): 一粒小米 yí lí siào-mì, Un grain de millet.

副 fóu (Série, Jeu): 一副紙牌 yí fóu tchè-p'âi, Un jeu de cartes.

滴 tī (Goutte): 一滴水 yí tī chouèi, Une goutte d'eau.

羣 (*ou* 群) k'iûn (Troupeau): 一羣羊 yí k'iûn yâng, Un troupeau de moutons.

隊 touéi (Troupe): 一隊兵 yí touéi pīng, Une troupe de soldats.

幫 (*ou* 帮) pāng (Aider, Association): 一幫貨 yí pāng hoúo, Une caravane de marchandises, 一幫船 yí pāng tch'ouân, Une flottille de jonques.

半 pán (Moitié): 一半活 yí pán houô, La moitié du travail; 一箇半月 yí-kó pán yúe, Un mois et demi.

Remarque. Appartiennent à la deuxième classe des numérales tous les noms de poids et mesures. Ex.:

二斤牛肉扒 eúl kīn niéou jeóu p'â, Deux livres de bifteck.

三兩銀子 sān leàng yîn-dzeu, Trois onces d'argent, *ou* taëls.

七兩八錢銀子 ts'ī leàng pā ts'iên yîn-dzeu, Sept taëls et huit maces *ou* dixièmes.

五斗糧食 woù teòu leâng-chê, Cinq boisseaux de céréales.

五分鐘 woù fēn tchŏng, Cinq minutes (d'horloge).

17ᵉ Leçon.

THÈME 17.

Ce cheval-ci n'est pas aussi rapide que celui-là. — Parmi ces quelques centaines de marchandises, il n'y en a pas de meilleur marché que *celles* de ce tas-ci. — Il a acheté bien des chaises neuves et il a vendu une vieille table à écrire. — En écrivant la lettre, il a employé cinq feuilles de papier rouge. — Il m'a dit qu'il n'avait pas acheté de balles, parce qu'il ne m'avait pas donné ce fusil *à tir* rapide. — Ce monsieur a fait hier, chez nous, deux très bonnes pièces de vers. — Cette route est plus longue : je ne veux pas aller par là. — Vous irez vers une petite pagode, à l'est. — Il n'a pas encore un *seul* cheveu blanc. — Auprès des deux montagnes, il y a un terrain plat *qui* est très vaste. — Quelle mule faut-il monter ? — De ces trois chemins, quel est le meilleur ? — Il n'a pas fini d'écrire *son* devoir : il n'*en* a fait que la moitié. — Il est parti *à* trois heures et reviendra à la maison *à* huit heures. — Dans mon jardin, il y a plusieurs milliers d'arbres à fruits.

VERSION 17.

我在他那裡、連一句話都沒說。第三間屋子是兩張大桌子、八張高椅子。這位老爺買了一段地、比我的長四丈五尺。我要十張紙、還要一管好筆。那篇文章和兩首詩作得好的作了不得。那股水院子裡有兩三乘轎子是誰的。那股貨物、跟班的要借一隻船、一千斤我不過是借給他五兩五錢銀子幾塊洋錢、一封信給您的、一封是沒有人名的。為什麼光要一隻靴子。那隊兵有六尊大礮、要過河、必得走那座石頭橋往西那麼過去。

LEÇON XVIII.

Numérales (*Suite*). Noms de fractions. Pronoms et adverbe conjonctifs.

RÈGLE 40 : — Tout nom exprimant, même occasionnellement, une mesure, fraction ou quantité peut être employé comme numérale et se placer entre un nombre ou un adjectif démonstratif et le substantif principal. Ex. :

一杯 (*ou* 盃) 茶 yí pēi tch'â, Une tasse de thé.

一碗牛妳 yí wàn nieôu nài, Un bol de lait de vache.

一餅 (*ou* 瓶) 醋 yí p'îng ts'oú, Une bouteille de vinaigre.

一桶紅酒 yí t'òng hông tsieòu, Une barrique de vin rouge.

一海水 yí hài chouèi, Une mer d'eau.

一道水 yí táo chouèi, Une voie d'eau (= deux seaux d'eau).

一桃水 yí t'iāo chouèi, *id.* (*litt.* : Une portée *de deux seaux* d'eau).

一桶子水 yí t'òng-dzeu chouèi, Un seau, baquet *ou* tonneau d'eau.

一點兒香油 yí tiè'eul hiāng yeôu, Un peu d'huile à brûler.

一盤子核桃 yí p'ân-dzeu hô-t'aô, Une assiettée de noix.

一勺兒牛肉湯 yí châo-eul nieôu jeoú t'āng, Une cuillerée de bouillon.

一線光明 yí sién kouāng-mîng, Un filet de lumière.

一堂燈 (*ou* 灯) yí t'âng tēng, Une salle de lanternes (*généralement quatre, suivant l'usage chinois*).

一車箱子 yí tch'ō siāng-dzeu, Une voiture de caisses (*ou* de malles).

這行房子 tchéi hâng fâng-dzeu, Cette rangée-ci de maisons.

那兩屋子家伙 ná leàng wōu-dzeu kiā-houò, Ces deux chambres de meubles-là.

坐半天兒船 tsó pán t'iē'eul tch'ouán, Faire une demi-journée de bateau.

1ère Remarque. Les équivalents chinois de notre mot Fois se contruisent de la même façon; savoir: 次 ts'éu, 回 (*ou* 囘) houêi, 趟 t'áng (*ou* 盪), 磨 mouô, 番 fān, 下子 hiá-dzeu, 遍 pién. Ex.:

他坐了一次船 t'ā tsoúo leào yí ts'éu tch'ouân, Il est monté une fois en bateau.

進三回京 tsín sān hoûei kīng, Aller trois fois à la capitale.

我要了兩回黃油三回葡萄 wò yáo lo leàng houêi houâng-yeôu sān hoûei p'oû-t'âo, J'ai demandé deux fois du beurre et trois fois du raisin.

你的姪兒出了一趟外 nì-ti tchê-eul tch'ŏu leào yí t'áng wái, Ton neveu a fait un voyage (*litt.*: est sorti une fois au dehors).

一番好意思 yí fān hào yí-ssēu, Une bonne pensée (*litt.*: la bonne pensée d'une fois).

2ème Remarque. Les expressions ci-dessus suivent la règle générale du possessif: 我喝一杯茶 wò hō yí pēi tch'â, signifie logiquement „Je bois le thé d'une tasse". 杯 pēi cessera d'être numérale et changera de position si l'on cesse d'en faire l'expression d'une mesure et l'on dira 一个茶杯 yí kó tch'â-pēi pour Une tasse à thé. De même:

一个紅酒瓶子 yí kó hông tsieòu p'îng-dzeu, Une bouteille à vin rouge.

那兩个水碗兒 ná leàng kó chouèi wà'eul, Ces deux bols à eau-là.

3ème Remarque. De semblables locutions peuvent faire elles-mêmes fonction de numérales à titre occasionnel, selon la règle qui précède. Ex.:

誰能喝一大水碗兒醋 chouèi nêng hō yí tá chouèi-wà'eul ts'óu, Qui peut boire un grand bol à eau de vinaigre?

要三四个小紅酒餅子奶油 yáo sān sséu kó siào hông-tsieòu-p'îng-dzeu nài-yeôu, Il faut trois ou quatre petites bouteilles à vin rouge de crême.

18e Leçon.

RÈGLE 41 : — La numérale placée après le substantif qu'elle sert à déterminer marque la généralité. Ex. :

車輛 tch'ŏ leáng, Des voitures.

銀兩 yîn leàng, Des taëls.

鐘點 tchŏng tièn, Heures.

鹽斤 yên kīn, Des livres de sel ; Du sel à la lívre.

多少馬匹 toūo-chào mà p'ì, Tant de chevaux ; Combien de chevaux ?

那紙張都穣了 ná tchè tchāng tōu jouà lo, Ces feuilles de papier sont toutes chiffonnées.

RÈGLE 42 : — Les noms de fractions s'expriment conformément à la formule suivante, empruntée au style écrit : 三分之一 sān fēn tchē yí, De trois parties une, pour Un tiers. Ex. :

四分之三 sséu fēn tchē sān, Trois quarts.

二十七分之十四 eúl-chê-ts'ī fēn tchē chê-sséu, Quartorze vingt-septièmes.

Remarque. Quelques noms de fractions, tels que 半 pán, ou 一半 yí pán, Moitié, Demi-, déjà mentionnés, ont des désignations spéciales. Ex. :

角 kiào, *ou* 角兒 kiào-eul (Corne, Angle), Quart, quartier.

三角兒 sān kiào-eul, Les trois quarts.

一成 yí tch'êng, *ou* 一分 yí fēn, Un dixième ; Dix pour cent.

一釐 yí lî, Un centième ; Un pour cent.

二分五釐 eúl fēn woù lî, Vingt-cinq centièmes ; 25 %.

三釐五毫 sān lî woù hâo, Trois centièmes *et* cinq millièmes ; Trois et demi pour cent.

按二釐五借錢 ngán eúl lî woù tsié ts'iên, Prêter *ou* Emprunter de l'argent à 2 $\frac{1}{2}$ %.

RÈGLE 43 : — Lorsque les pronoms conjonctifs Qui, Que, Quoi, Dont, Lequel.... ou l'adverbe de même nature Où ne sont pas supprimés, en chinois (voir RÈG. 10), ils sont rendus par la particule 的 tī et la tournure possessive *(voir* RÈG. 13, Rem.). Ex. :

養小狗兒的那一个人 yàng siào keòu-eul ti nái-kó jên, L'homme qui élève des petits chiens.

他丟了的手巾 t'ā tieōu leào ti cheòu-kīn, Le mouchoir qu'elle a perdu.

教習託我的事 kiáo-sî t'ô wò ti ché, Les affaires dont le professeur m'a chargé.

皇上住的地方 Houâng-cháng tchoú ti tí-fāng, Le lieu où l'Empereur demeure.

Si les mêmes mots français sont régimes du verbe, on fait souvent précéder celui-ci du vocable 所 sò, ou souò, Lieu, Où, qui marque la localisation du fait, de l'action, le rapport conjonctif, et implique généralement, par surcroît, la totalité. Ex. :

所有的秀才舉人進士 sò yeòu ti siéou-ts'âi kiù-jên tsín-ché, Les bacheliers, licenciés et docteurs qu'il y a = Tous les bacheliers, licenciés et docteurs.

他去年所賃的房子、都給人家住了 t'ā k'iú-niên sò lín ti fâng-dzeu, tōu kèi jên-kiā tchoú lo, Il a donné à habiter à d'autres *toutes* les maisons qu'il avait louées l'an dernier.

你所借的銀子錢 nì sò tsié ti yîn-dzeu ts'iên, L'argent *en lingot* et les sapèques que tu as empruntés.

您所到過的省分也多 nîn sò táo koúo ti chèng-fén yè toūo, Les provinces où vous êtes allé sont nombreuses aussi.

城牆外頭所有的、已經成沒了 tch'êng-ts'iâng wái-t'eôu sò yeòu ti, yì-kīng tch'êng mêi lo, Tout, en dehors du mur de la ville, a déjà disparu *(litt.:* est devenu anéanti).

我妹子所要的不是這樣的絨綫 wò méi-dzeu sò yáo ti póu ché tchó-yáng ti jông siên, Ce que demande ma sœur cadette n'est pas du fil de soie de cette espèce.

1ère Remarque. On a vu (Règ. 25) que la répétition d'un même pronom démonstratif ou interrogatif, ou d'un même adverbe, tient aussi lieu de nos corrélatifs Qui, Que, Dont et Où. Autres exemples :

什麼人來、請什麼人 chê-mŏ jên lâi, ts'ìng chê-mŏ jên, Inviter qui vient.

那兒有太陽、上那兒去 nà-eul yeòu t'ái-yâng, chàng nà-eul k'iú, Aller où il y a du soleil.

2ème Remarque. Dans la langue écrite, outre 所 sò, Où, Que, Ce que, qui précède le verbe, on emploie aussi 者 tchò, Ce qui, mot qui suit le verbe. Des emprunts sont parfois faits à cette tournure, dans le parler élégant :

老者 lào tchò, Celui *ou* Ceux qui sont vieux, Le *ou* Les vieillards.

好學者 háo hiuê tchò, Celui qui aime l'étude (好, *au quatrième ton*, Aimer).

所謂善艮者 sò wéi chán-leâng tchò, Ce qu'on appelle bon et honnête.

3ème Remarque. De ce qui précède il résulte que le membre de phrase qui suit Qui, Que, Où, etc., en français, est susceptible de prendre place, en chinois, avant ou après le mot dont il forme la qualification. On peut, en conséquence, traduire les phrases suivantes par de doubles équivalents :

Il n'y a personne qui n'aime le printemps : 沒有不愛春天的人 mêi yeòu póu ngái tch'ouēn-t'iēn tí jên, et 沒有人不愛春天 meî yeòu jên poú ngái tch'ouēn-t'iēn.

Je n'ai jamais vu d'homme qui ne désirât s'enrichir : 我總沒見不願意發財的人 wò tsòng mêi kién póu yuán-yí fā-ts'âi ti jên, et 我總沒見人不願意發財 wò tsòng mêi kién jên póu yuán-yí fā-ts'âi.

THÈME 18.

Mangez donc le poisson que vous aimez manger. — Je veux un petit seau d'eau fraîche et un grand bol de vin. — Il faut interroger qui a des relations avec lui. — Tout l'argent que voulait le marchand, je *l'*ai donné. — Ce professeur, qui vient tous les jours, n'est-il pas *celui* qui vous explique les livres chinois? — C'est ce bachelier qui a déjà fait deux pièces de vers. — Le cocher demande tout ce que tu as; donne-lui en les deux tiers. — Il prête de l'argent à (按 ngán) quinze pour cent. — Je dois compter combien font (*traduisez* : sont) les cinquante-huit cent-troisièmes. — Tout ce qu'il y a partira *au* printemps de l'année prochaine. — Il y a deux puits derrière la maison, *dont* l'eau est très bonne *à* boire. — Je lui ai prêté hier deux piastres et demie. — Ces trois chaises à porteurs, qui sont dans la grande cour, ne sont pas les leurs. — J'emploierai ce domestique et ces deux coulis dont il m'a parlé aujourd'hui. — Tout ce que vous aviez l'an dernier est sur cette table carrée.

VERSION 18.

那十幾天的工夫、一口肉他都沒吃。要走北邊兒那一座山、是最高的、衕兒都是車輛馬匹。你們還要衕過走了半天、不能到山頂。走一輞木路、那兩頭騾子不用騎了罷。這三兩六錢銀子、就是給他工錢。分之一。每月按三分、借錢.給他寫信、用多大的紙、他寫回信、必使多大的紙。徒弟前天作的功課稍微有一點兒不合式、好該當留一點兒別叫人說話.改.那兩位客人吃了兩回點心之後、又喝了好幾盃茶。走了半路。

LEÇON XIX.

Verbes simples. Adverbes de manière. Interjections et particules finales.

Aux nombreux verbes simples, c'est-à-dire formés d'une seule syllabe, qui ont été cités dans les leçons précédentes, nous ajouterons les suivants, souvent employés sans auxiliaire dans le langage:

晒 (*ou* 曬) chái, Exposer au soleil; Briller.
燒 chāo, Brûler.
収 (*ou* 收) cheóu, Recevoir.
屬 choû, Dépendre de; Appartenir à.
拴 chouān, Attacher.
仿 (*ou* 倣) fǎng, Imiter.
放 fáng, Lâcher; Déposer.
防 fāng, Se garder contre.
廢 féi, Abolir, supprimer.
復 (*ou* 覆) foú, Répondre.
恨 hén, Haïr.
學 hiûe *ou* hiâo, Etudier; Imiter.
換 houán, Changer de.
還 houân, Rendre; Payer.
會 hoúei, Savoir *faire quelque chose*.
活 houô, Vivre.
讓 jáng, Céder; Laisser *faire*.
扔 jēng, Jeter.
肯 k'èn, Consentir à; Vouloir.
記 kí, Se rappeler; Noter.

加 kiā, Augmenter.
交 kiāo, Remettre, livrer.
叫 kiáo, Appeler; Dire de; Faire que; Permettre.
教 kiáo, *ou* kiāo, Enseigner.
結 kiê, Nouer; Terminer.
勸 k'iuán, Conseiller, exhorter.
估 koū, Estimer, supputer.
雇 (*ou* 僱) koú, Louer, engager.
關 kouān, Fermer; Concerner.
困 k'ouén, Etre fatigué; Avoir sommeil.
漏 leóu, S'écouler, fuir.
臨 lín, Etre sur le point de.
樂 ló, S'amuser.
亂 louán, Troubler.
罵 má, Injurier.
埋 mâi, Enterrer.
忙 mâng, Etre pressé.
滅 mié, Eteindre.
免 mièn, Eviter; Epargner.
拏 (*ou* 拿) nâ, Prendre.

安 ngān, Poser.

弄 nóng *ou* lóng, Arranger; Préparer.

挪 nouô, Déplacer.

拜 pái, Saluer; Faire visite à.

襬 pài, Disposer; Mettre.

賠 p'êi, Perdre; Rembourser.

配 p'éi, Assortir; S'unir.

變 pién, Changer, transformer.

像 siáng, Ressembler; Avoir l'air de.

笑 siáo, Rire.

卸 sié, Décharger.

修 sieōu, Réparer; Entretenir.

醒 sìng, S'éveiller; Reprendre ses sens.

索 sō, Exiger, demander.

送 sóng, Offrir; Envoyer; Conduire.

撕 ssēu, Déchirer.

待 tái, Traiter; Attendre.

查 tch'â, Examiner; Rechercher.

找 tchào, Chercher.

抄 (*ou* 鈔) tch'āo, Copier.

值 tchê, Valoir, coûter.

盛 tch'êng, Contenir.

轉 tchouàn, Tourner; Transmettre.

賺 (*ou* 賸) tchouán, Gagner.

傳 tch'ouân, Propager; Faire comparaître.

穿 tch'ouān, Revêtir, mettre; Traverser.

吹 tch'ouēi, Souffler.

偷 t'eōu, Dérober, voler.

遞 tí, Tendre, passer *quelque chose*.

提 t'î, Porter une charge pendant à la main; Tirer; Mentionner, parler de.

挑 t'iāo, Porter avec un bâton sur l'épaule; Choisir.

添 t'iēn, Ajouter.

定 tíng, Fixer; Conclure.

釘 tíng, Clouer; Relier, brocher.

推 t'ouēi, Pousser, repousser.

載 tsái, Porter; Mentionner.

採 ts'ài, Recueillir.

藏 ts'âng, Cacher; Contenir.

造 tsáo, Construire, fabriquer.

搶 ts'iàng, Ravir, prendre de force.

接 tsiē, Recevoir; Prolonger.

薦 tsién, Recommander *quelqu'un*.

進 tsín, Entrer.

盡 tsín, Epuiser.

租 tsōu, Louer; Affermer.

阻 tsoù, Empêcher.

催 ts'ouēi, Hâter, presser; Insister.

挖 wā, Creuser.

忘 wáng, Oublier.

依 yī, Consentir, se conformer à.

19e Leçon.

RÈGLE 44 : — On insiste sur la portée d'un verbe simple en répétant ce mot comme substantif, précédé de 一 yí, Un, e. On exprime ainsi la mesure dans laquelle l'action se produit. Ex. : 找一找 tchào yí tchào, Chercher *dans la mesure* d'une recherche = Chercher, Faire une recherche. De même :

逛一逛 kouáng yí kouáng, Se promener, Faire une promenade.
坐一坐 tsó yí tsó, S'asseoir, S'asseoir un peu.
抹一抹 mouò yí mouò, Frotter ; Essuyer.
掃一掃 saò yí saò, Balayer, Donner un coup de balai.
担一担 tàn yí tàn, Epousseter, Donner un coup de plumeau.
洗一洗 sì yí sì, Laver.
想一想 siàng yí siàng, Penser, Réfléchir.
你把馬給遛一遛 nì pà mà kèi lieóu yí lieóu, Promène le cheval pour *moi*.

Remarque. L'unité peut être remplacée par un autre nombre. Ex. : 打一把掌、揉三揉 tà yí pà tchàng, jeôu sān jeôu, Donner un soufflet et faire trois caresses (*proverbe*).

RÈGLE 45 : — Le vocable 然 jân, Ainsi, Manifeste, Manière d'être, ajouté à certains mots, sert à former des adverbes de manière, comme la désinence *ment*, en français. L'accent tonique porte toujours sur jân. Ex. :

自然 tseu-jân, Naturellement.
天然 t'ien-jân, Naturellement.
果然 kouo-jân, Effectivement.
忽然 hou-jân, Subitement, soudain.
偶然 ngeou-jân, Inopinément, par hasard.
仍然 jeng-jân, Encore, de même.

Remarque. Les locutions 雖然 souei-jân, Quoique-ainsi, et 既然 ki-jân, Puisque-ainsi, qui correspondent à nos conjonctions Quoique et Puisque, ont la même formation et se placent, comme des locutions adverbiales, entre le sujet et le verbe. Ex. :

他雖然有耳朶、還是不聽 t'ā souei-jân yeòu eùl-to, hâi ché póu t'ĭng, Quoiqu'il ait des oreilles, il n'écoute pas.

本國旣然有四个、天下必有八个 pèn kouŏ ki-jân yeòu sséu-kó, t'iēn-hiá pí yeòu pâ-kó, Puisqu'il y en a quatre dans mon pays, il y en a certainement huit dans l'univers.

RÈGLE 46: — Nos adverbes de manière sont très souvent rendus adjectivement, en chinois, après le verbe, selon la formule suivante: 表走得 (ou 的) 慢 piào tseòu tê (ou ti) mán, La montre marche lentement (est en retard). La traduction littérale est alors: 1°. avec tê, „La montre, marchant, obtient d'être lente", ou „marche *de manière* à être lente", et 2°. avec tĭ, „Le marcher de la montre est lent." (*Voir p. 71, note* ²), *et p. 85, 2ème Rem.*). Ex.:

你來的遲 nì lâi ti tch'ê, Tu viens tardivement.

手工作得狠細 cheòu-kōng tsó tê hèn sí, Le travail est très finement fait.

廚子弄飯、弄的好 tch'òu-dzeu nông fán, nông ti hào, Quand le cuisinier prépare les aliments, il les prépare bien.

總是他穿得最講究 tsòng ché t'ā tch'ouān tê tsoúei kiàng-kieóu, C'est toujours lui qui est vêtu le plus élégamment (avec le plus de recherche).

INTERJECTIONS.

Aux interjections françaises correspondent des particules chinoises, initiales ou finales. Parmi les premières, nous citerons:

唉 ngài (*pron.:* éé), Eh! Ah! Oui.

喳 tchā, Oui, Très bien (*réponse d'un inférieur*).

嗐 hái, Ah! (*surprise*).

咳 hāi, Eh! (*regret*).

哼 hēng, Hum! Eh!

阿 (*ou* 啊) ā, Ah!

嗳呀 aī-yā, Eh! Ah! Oh! (*surprise, regret*).

阿喲 ō-yō, *id.*

19e Leçon.

On peut ajouter à ces mots, sans signification concrète, des locutions ou courtes phrases chinoises qui s'emploient comme nos interjections:

好 hào, Bon! Bien!

好呢 hào nī, Bon! Bien!

好着得了 hào tchŏ tŏ ló, Voilà qui est bien!

有了 yeòu lo, Voici! Voilà!

罷 pá (*final*) *ou* 罷了 pá leào, Voilà tout! Assez!

來 lāi, Viens! Ici! Quelqu'un!

不好了 poú hào lo, Malheur!

怎麼 tsèng-mō, Comment! (*surprise, reproche*).

小心 siào sīn, Attention! Gare!

借光 tsié kouāng, S'il vous plaît! Merci! (*litt.*: J'emprunte vos lumières).

借光你納 tsié kouāng nì-ná, *id.*

借光、借光、tsié kouāng, tsié kouāng, *id.*

勞駕 lâo kià, S'il vous plaît! Merci! (*litt.*: Je donne de la peine à votre équipage *ou* personne).

可惜 k'ŏ sī, Hélas! Lamentable!

可惜了兒 k'ŏ sī leào eûl, *id.*

可憐 k'ŏ liên, Hélas! Quelle pitié!

PARTICULES FINALES.

Les particules finales forment des points d'appui de la voix à la suite d'une phrase, d'un membre de phrase ou même d'un seul mot, qui se trouvent signalés ainsi à l'attention d'une façon particulière. Ces „mots vides", que nous ne pouvons rendre, le plus souvent, que par des signes de ponctuation (, — !), correspondent aussi à des interjections, Ah! Oh! Eh! Hein! Va!, quand nous plaçons celles-ci en dernier lieu. De même, les particules finales interrogatives, 麼 mō *ou* mā, 嗎 mā et 嘛 mā, qui nous sont déjà connues (*voir* RÈG. 21, 1°), ont pour équivalents notre interjection finale interrogative Hein? ou notre point d'interrogation.

Les particules ou interjections suivantes sont simplement finales et accompagnent des phrases ou locutions qui peuvent être affirmatives ou interrogatives :

阿 *ou* 啊 ā, 呢 nī, 哪 nā, 呀 yā.

Les particules 咯 ló, 囉 lô et 喇 lā *ou* là peuvent être considérées comme des contractions vocales du verbe 了 leào, marque du passé ou d'un fait acquis.

Exemples :

誰啊 chêi ā, Qui? Qui *est-ce?*

您好阿 nîn hào ā, Allez-vous bien? *Réponse :* 好阿 hào ā, Je vais bien.

孟子啊、也是箇大賢 Móng dzèu ā, yè ché kó tá hiên, Mencius! c'était aussi un grand sage.

爲什麼呢 wéi chê mō nī, Pourquoi?

祖宗呢、沒有提過 tsoù-tsōng nī, mêi yeòu t'î kouó, Quant aux ancêtres, on ne les a pas mentionnés.

沒哪 mêi nā, Il n'y *en* a pas!

這好辦哪 tchó hào pán nā, Ceci est facile à faire.

都是他的呀 toū ché t'ā ti yā, Tout est à lui!

好咯(了、囉 *ou* 喇) hào ló (leào, lô *ou* là) C'est bien!

就是喇 (*ou* 了) tsieóu ché là (leào *ou* ló), C'est cela! Voilà!

Remarque. Deux membres de phrase exprimant une alternative se terminent très souvent par deux particules finales différentes. Ex. :

洋布是紫的阿、還是藍的呢 yâng-poú ché tseù-ti ā, hâi ché lân-ti nī, Le calicot est-il violet ou est-il bleu?

要涼水呢、要熱水阿 yáo leâng choùei nī, yáo jó choùei ā, Faut-il de l'eau froide ou de l'eau chaude?

19e Leçon.

Thème 19.

(Une particule finale sera ajoutée aux phrases ou mots suivis d'un astérisque*).

Nos deux chevaux galopent très vite*. — Quand nous serons revenus à la maison, il faudra que le palefrenier les promène dans la cour. — Celui-ci*, il ne peut pas l'attacher solidement. — Il est soudain venu me voir, quoique ne m'ayant pas écrit (*de* lettre). — Vous changerez tous (*traduisez* entièrement) de vêtements, *en* entrant dans la ville*. — S'il vous plaît! je vous prie de prendre ceci. — Merci!* j'ai fini maintenant — Hélas! il ne nous a rien rendu. — *Rien* n'empêche de s'asseoir un peu ici *ni* de se promener. — Bien!* puisque vous le voulez, je resterai trois jours avec vous *. — Comment! a-t-il jeté les livres? — Cela *, je ne sais. — Combien ces deux pays ont-ils conclu de traités *? — Hum! je l'ai oublié. — Eh! effectivement, tu ne peux pas le dire.

Version 19.

前天給您送的信哪、不知道收到沒有。沒哪必是送錯了罷。不是、他們都是這麼說咯。雖然勸他兩三回他還是不肯讓我可憐哪。借光您什麼呀。啊、再把這个好好兒的給包一包。忙就是了、包得好好兒的了。阿、偺們還要把那一件公事查不一查、好復他一封信。您送給朋友的兩疋緞子、還是白的阿還是花的東西不值什麼阿又不像什麼。很粗的嗳呀這件事情還要託您給我辦得妥妥當當的喇。好罷。

LEÇON XX.

Verbes auxiliaires.

RÈGLE 47 : — Les verbes auxiliaires chinois se placent après le verbe principal pour en préciser le mouvement ou l'effet, à la façon des mots anglais *up, down, in, out* etc., et jouent le même rôle que les particules latines *ex, de, cum, ab, sub* etc. qui commencent nombre de verbes français, auxquels elles sont agglutinées.

Ils comprennent des verbes simples, doubles et même triples.

I. VERBES AUXILIAIRES SIMPLES.

來 lâi, Venir. Forme des composés tels que : 拿來 nâ lâi, Apporter (Prendre *quelque chose et* venir); 送來 sóng lâi, Envoyer *ici* (Envoyer-venir); 進來 tsín lâi, Entrer (Venir en entrant); 起來 k'ì lâi, Se lever; 買來 mài lâi, Acheter.

去 k'iú, Aller, s'en aller. Forme : 拿去 nâ k'iú, Emporter (Prendre *et* S'en aller); 送去 sóng k'iú, Envoyer *au loin* (Envoyer-partir); 進去 tsín k'iú, Entrer *en s'éloignant* (S'en aller en entrant quelque part); 删去 chān k'iú, Retrancher.

走 tseoù, Partir. Même usage que le précédent : 拿走 nâ tseoù, Emporter; 趕走 kàn tseoù, Chasser.

上 chàng, Monter. Implique l'idée de monter, de faire monter, d'atteindre, d'adresser à un supérieur, de commencer ou de continuer; ex. :

    送上 sóng chang, Envoyer *en haut*; Offrir, présenter.

    滿上 màn chang, Remplir; Emplir *jusqu'en haut.*

    釘上 tíng chang, Clouer à *ou* sur; Clouer.

    擱上 kô chang, Mettre, poser; Placer sur.

    鎖上 soúo chang, Fermer, enfermer à clef.

    煮上 tchòu chang, Mettre à bouillir.

    沏上茶 ts'ī chang tch'â, Faire infuser du thé.

20e Leçon.

泡上衣裳 p'áo chang yī-chāng, Mettre des vêtements à tremper.

續上 siú chang, Continuer; Entretenir (*un feu, par ex.*).

下 hiá, Descendre : 擱下 kô hiá, Déposer ; 放下 fáng hiá, Lâcher ; Poser *en bas* ; 留下 lieôu hiá, Garder, Retenir ; 飭下 tch'é hiá, Ordonner ; 收下 cheōu hiá, Recevoir, Recueillir, Serrer, Ranger ; 脫下 t'ŏ hiá, Oter (*un vêtement*) ; 坐下 tsó hiá, S'asseoir ; 跪下 koúei hiá, S'agenouiller ; 剩下 chéng hiá, Rester (*comme reliquat*) ; 記下 kí hiá, Noter.

住 tchoú, Demeurer. Implique l'idée de faire rester, de fixer ou de retenir ; ex. :

拿住 nâ tchoú, Tenir, Prendre à demeure dans la main.

擱住 kô tchoú, Poser de façon stable.

坐住 tsó tchoú, Etre assis en équilibre, Etre bien assis.

止住 tchè tchoú, Arrêter.

圍住 wêi tchoú, Entourer ; Investir.

站住 tchán tchoú, Se tenir debout.

起 k'ì, Se lever, Commencer, Elever. Implique l'idée de commencer, de se mettre à faire quelque chose ; ex. : 想起 siàng k'ì, Se mettre à penser à ; 收起 cheōu k'ì, Serrer.

了 leào, Réaliser, Terminer : 得了 tô leào, Obtenir, Réaliser ; 拿了 nâ leào, Pouvoir prendre.

得 tô, Obtenir : 曉得 hiào tô, Savoir ; 懂得 tòng tô, Comprendre ; 了得 leào tô, Pouvoir se réaliser, se faire ; 記得 kí tô, Se rappeler, se souvenir de ; 認得 jén tô, (*ou* tê), Reconnaître, connaître ; 見得 kién tô, Voir, pouvoir voir ; 覺得 kiào tô, Sentir, ressentir.

及 kî, Atteindre : 言及 yên kî, Parler de, dire (*litt.:* En parlant, atteindre *tel sujet*) ; 談及 t'ân kî, Causer de.

開 k'āi, Ouvrir. Implique l'idée d'ouvrir, de vider ou de faire place ; ex. :

砸開 tsâ k'āi, Ouvrir en cassant (*des noix, par ex.*)
離開 lî k'āi, Quitter, s'éloigner de.
撇開 p'iē k'āi, Mettre de côté; Abandonner.
坐開 tsó k'āi, Se faire *ou* Trouver place pour s'asseoir.
散開 sàn k'āi, Disperser; Se disperser.
說開 chouō k'āi, S'expliquer, dissiper un malentendu.

見 kién, Percevoir, Voir: 看見 k'án kién, Voir *en regardant*;
瞧見 ts'iâo kién, Voir; 瞅見 tch'eòu kién, Apercevoir;
聽見 t'īng kién, Entendre (*litt.*: Percevoir en écoutant);
碰見 p'éng kién, Rencontrer.

出 tch'ōu, Sortir, Faire sortir, Produire: 交出 kiāo tch'oū, Livrer, extrader.

回 houêi, Retourner: 拿回 nâ houêi, Reprendre, Rapporter; 送回 sóng houêi, Renvoyer; 收回 cheōu houêi, Recouvrer.

到 táo, Arriver: 收到 cheōu táo, Recevoir; 來到 lâi táo, Arriver; 想到 siàng táo, Penser à; 送到 sóng táo, Envoyer *quelque chose qui est* reçue.

着 (*ou* 著) tchô, tchouô, tchâo, Effectuer; Toucher, tenir. Forme:
拿着 nâ tchô, Tenir *en main*.
存着 ts'ouên tchô, Conserver.
活着 houô tchô, Vivre, être vivant.
扶着 fôu tchô, S'appuyer sur; Soutenir.
閒着 hiên tchô, Etre inoccupé.
開着 k'āi tchô, Etre ouvert.
等着 tèng tchô, Attendre.
由着 yeôu tchô, Laisser *faire*.
留着 lieoû tchô, Retenir, garder.
藏着 ts'âng tchô, Cacher; Se cacher.

1ère *Remarque*. 着 tchô indique la réalisation actuelle et peut être considéré, dans un membre de phrase circonstanciel, comme marquant le participe présent. Ex.:

20ᵉ Leçon.

看着書、說話 k'án tchô choū, chouō houá, Parler en lisant.
跟着來 kēn tchô lâi, Venir en suivant.
圍着城、放礮 wêi tchô tch'êng, fáng p'áo, Tirer le canon, en entourant la ville.

2ᵉᵐᵉ Remarque. L'expression verbale 來着 lâi-tchô, Venir, Venant, s'emploie à la fin d'une phrase pour marquer le passé, comme le ferait 了 leào, ló, Ex.:

我昨兒見他來着 wò tsô-eul kién t'ā lâi-tchô, Je l'ai vu hier.
東家上樓來着 tōng-kiā chàng leôu lâi-tchô, Le maître de la maison[1]) est monté à l'étage supérieur.

Elle n'a pas le sens restreint de la locution verbale française Venir de, suivie d'un verbe, qui indique le passé immédiat. On dit, dans ce sens, en chinois: 我剛見他了 wò **kāng** kién t'ā lo, Je viens de le voir; 他剛纔來了 t'ā **kāng**-ts'âi lâi lo, Il vient de venir; ou encore 你剛說來着 nì **kāng** choūo lâi-tchô, Tu viens de le dire, phrase dans laquelle c'est **kāng** qui rend l'idée de notre locution Venir de.

3ᵉᵐᵉ Remarque. On peut rapprocher des verbes composés qui précèdent ceux qui se construisent avec 在 tsái jouant le rôle de notre préposition locative À (放在底下 fáng tsái tì-hiá, Déposer au-dessous *ou* en bas) ou avec les deux verbes-prépositions suivants:

作 (*ou* 做) tsó, ·Faire, Avoir la fonction de: 叫作 kiáo tsó S'appeler *de tel nom*; 派作 p'ái tsó, Envoyer, Déléguer comme.

---

1) Le côté oriental des habitations chinoises étant généralement destiné à être occupé par le maître de la maison, celui-ci est appelé tōng-kiā. On dit de même 房東 fâng tōng pour le Propriétaire d'une maison.

爲 wêi, Faire, Constituer, Avoir la fonction de: 以爲 yĭ wêi, Faire de, Prendre pour, Considérer comme (*litt.*: Employer pour constituer, pour être...); 立爲 lí wêi, Eriger en; 作爲 tsó wêi, Agir comme, *ou* Constituer en.

II. Verbes auxiliaires doubles.

Ils sont formés des combinaisons verbales suivantes:

1°. Avec 來 lâi, Venir:

上來 chàng lâi, exprimant l'idée de Monter et de Venir; ex.: 送上來 sóng chang lâi, Envoyer *en haut ou à un supérieur*; 傳上來 tch'ouân chang lâi, Appeler *un inférieur*, Citer à comparaître.

下來 hiá lâi, Descendre et Venir: 扔下來 jēng hiá lâi, Jeter en bas par ici; 寫下來 siè hiá lâi, Coucher par écrit; 批下來 p'ī hiá lâi, Apostiller; 傳下來 tch'ouân hiá lâi, Transmettre; 遺下來 yî hiá lâi, Léguer; 起下來 k'ĭ hiá lâi, Démonter; 剩下來 chéng hiá lâi, Rester *comme reliquat*.

起來 k'ĭ lâi, Lever et Venir, Se mettre à: 拾起來 chê k'ĭ lâi, Ramasser; 想起來 siàng k'ĭ lâi, Se mettre à penser; 立起來 lí k'ĭ lâi, Dresser; 綑起來 k'ouèn k'ĭ lâi, Lier, se mettre à lier; 拿起來 nâ k'ĭ lâi, Emporter, enlever; 提起來 t'î k'ĭ lâi, Mentionner, parler de; 收起來 cheōu k'ĭ lâi, Ranger, serrer.

了來 leào lâi, Réaliser-venir: 送了來 sóng leào lâi, Pouvoir envoyer ici.

出來 tch'oū lâi, Sortir *ou* Faire sortir *et* venir: 生出來 chēng tch'oū lâi, Produire; 想出來 siàng tch'oū lâi, Imaginer, inventer; 發顯出來 fā hièn tch'oū lâi, Manifester; 掏出來 t'āo tch'oū lâi, Vider; 繙出來 fān tch'oū lâi, Traduire; 查出來 tch'â tch'oū lâi, Découvrir, trouver

20ᵉ Leçon.

après enquête ; 找出來 tchào tch'oū lâi, Trouver après avoir cherché ; 抄出來 tch'āo tch'oū lâi, Copier, recopier.

回來 houêi lâi, Revenir : 拏回來 nâ houêi lâi, Rapporter ; 收回來 cheōu houêi lâi, Récupérer ; 帶回來 tái houêi lâi, Ramener, rapporter.

進來 tsín lâi, Entrer-venir : 赶進來 kàn tsín lâi, Conduire *une voiture* à l'intérieur, ici ; 推進來 t'oūei tsín lâi, Pousser à l'intérieur, ici.

將來 tsiāng lâi, Etre sur le point de — Venir : 送將來 sóng tsiāng lâi, Etre sur le point de conduire *ou* d'envoyer ici.

過來 koúo lâi, Passer-venir : 跑過來 p'ào koúo lâi, Accourir jusqu'ici ; 改過來 kài koúo lâi, Changer ; 奪過來 toûo koúo lâi, S'emparer de ; 遞過來 tí koúo lâi, Tendre *quelque chose* jusqu'ici ; 翻過來 fān koúo lâi, Retourner *quelque chose*.

2°. Avec 去 k'iú, Aller, s'en aller :

上去 chàng k'iú, Monter-aller : 奏上去 tséou chang k'iú, S'adresser au Trône, Parler à l'Empereur ; 加上去 kiā chang k'iú, Ajouter dessus ; 飛上去 fēi chang k'iú, S'envoler vers le haut.

下去 hiá k'iú, Descendre-aller : 流下去 lieôu hiá k'iú, S'écouler ; 跌下去 tiē hiá k'iú, Tomber, faire une chute ; 沈 (*ou* 沉) 下去 tch'ên hiá k'iú, Couler au fond, Submerger.

了去 leào k'iú, Réaliser-partir : 拿了去 nâ leào k'iú, Pouvoir emporter.

出去 tch'oū k'iú, Sortir *ou* Faire sortir de *et* s'en aller : 拿出去 nâ tch'oū k'iú, Extraire ; 放出去 fáng tch'oū k'iú, Lâcher, Libérer ; 攆出去 nièn tch'oū k'iú, Chasser, congédier.

回去 houêi k'iú, S'en retourner : 送回去 sóng houêi k'iú,

Renvoyer *au loin*; 復回去 fóu houêi k'iú, Répondre, expédier une réponse.

進去 tsín k'iú, Entrer *et* s'éloigner: 讓進去 jáng tsín k'iú, Faire entrer *quelqu'un* là-bas.

將去 tsiāng k'iú, Etre sur le point de — Aller: 拿將去 nâ tsiāng k'iú, Etre sur le point d'emporter.

過去 koúo k'iú, Passer-aller: 拉過去 lā koúo k'iú, Entraîner *au loin*; 遞過去 tí koúo k'iú, Tendre *quelque chose* en l'éloignant de soi; 渡過去 tóu koúo k'iú, Passer en bac *jusqu'à la rive opposée*.

III. Verbes auxiliaires triples.

On les rencontre surtout dans le style des romans, qui est un compromis entre la langue parlée et la langue écrite. Ils sont formés par l'intercalation, après le verbe principal, de 將 tsiāng, Etre sur le point de. Ex.:

加將起來 kiā tsiāng k'ì lâi, Etre sur le point de se mettre à augmenter.

流將下來 liêou tsiāng hiá lâi, Etre sur le point de s'écouler.

飛將出去 fēi tsiāng tch'ōu k'iú, Etre sur le point de s'envoler au dehors.

Thème 20.

(*Le complément direct des verbes précédés d'un astérisque* * *sera construit avec l'auxiliaire* 把 *pà, conformément à la* Règ. 33).

La grande caisse est encore ouverte: le menuisier ne *l'*a pas clouée — Je vous prie de * remporter ces deux paquets de livres. — Le courrier dit qu'il ne se souvient pas de mes paroles. — Il est parti en portant les lettres et reviendra demain. — Je ne lui ai pas permis de * déposer cette calebasse ici. — Puisque vous l'avez rencontré hier, il fallait le * retenir pour jouer avec mes enfants. — * Tiens cette lampe avec *tes* deux

20ᵉ Leçon.

mains. — La porte est fermée *à clef*: il faut que j'attende qu'il revienne, pour le prier de me laisser entrer. — Nous n'avons pas encore causé des autres affaires; * mettons maintenant celle-là de côté. — Il reste encore quelques dizaines de noix: dispose *-les* sur la table. — * Jette l'eau qui reste et * range le pain. — Qu'il ne reste pas debout dans la rue: il faut qu'il se cache dans la chambre. — Tous les objets que j'avais perdus, mon ami *les* a retrouvés. — * Traduisez la composition de style de monsieur Wâng. — Fais-lui * expédier toutes les lettres que j'ai copiées.

Version 20.

我好幾箇月沒有見房東、差不多不認得了。你想一想罷不能不認得這个字略。那個瓶子沒有蓋兒、得給配上一个。沒言及這一个村子屬那一縣、卻不好寫出來。他託您賣的貨物都下來了、等着您收下哪。客人在花園子裏閒着、我想起還沒吃點心、要請他進來、在屋子裏坐一坐、添上一點兒鮮果子、給我們吃啊。我在外頭、忽然覺得太涼就忙着回來了。那一个人勒索、把他攔撞出去。新衣裳都在椅子上擱着、最好是把所有的收起來。不見得有

LEÇON XXI.

Verbes et adjectifs potentiels. Optatif.
Position du régime des verbes composés.

RÈGLE 48 : — La possibilité d'être ou de faire quelque chose est exprimée, en chinois : 1°. soit par l'emploi de l'un des verbes 可 k'ò et 可以 k'ŏ-yĭ, Pouvoir, qui marquent l'admission naturelle ou l'autorisation, ou 能 nêng et 能殼 nêng-keóu, Pouvoir, qui marquent la puissance physique ou la capacité, et qui, tous quatre, doivent précéder le verbe qui leur sert de complément ; 2°. soit en intercalant, dans un verbe composé, le mot 得 tô, Obtenir, Pouvoir, que l'on prononce alors tê, entre le verbe principal et son ou ses auxiliaires. Ex. :

1°. 到底可是眞的麼 táo-tĭ k'ò ché tchēn-ti mō, Au fond, cela peut-il être vrai ?

你可以告兩天假 nĭ k'ŏ-yĭ káo leàng t'iēn kiá, Tu peux prendre deux jours de congé.

我能殼提溜很沉的分量 wò nêng-keóu tī-lieóu hèn tch'ên ti fén-leáng, Je puis porter (pendant à la main) un poids très lourd.

博學士能算天文 pouô-hiûe-ché nêng souán t'iēn-wên, Le savant peut faire des calculs astronomiques.

2°. 拿得來 nâ tê lâi, Pouvoir apporter (litt.: Prenant, obtenir que vienne).

上得去 chàng tê k'iú, Pouvoir monter (en s'éloignant).

過得去 koúo tê k'iú, Pouvoir passer.

拿得住 nâ tê tchoú, Pouvoir tenir en main.

看得見 k'án tê kién, Pouvoir voir.

坐得開 tsó tê k'āi, Trouver place pour s'asseoir.

買得了 mài tê leào, Pouvoir acheter [1]).

---

1) La même expression prononcée mài tô lo, signifie Avoir acheté *ou* Avoir réussi à acheter.

21e Leçon.

得得了 tô tê leào, Pouvoir obtenir.

瞧得出來 ts'iâo tê tch'oū lâi, Pouvoir voir *ou* apercevoir.

背得上來 péi tê chàng lâi, Pouvoir réciter de mémoire (en tournant le dos).

洗得下去 sì tê hiá k'iú, Pouvoir effacer en lavant.

拿得了來 nâ tê leào lâi, Pouvoir apporter.

送得了去 sóng tê leào k'iú, Pouvoir expédier.

Remarque. Le mot 可 k'ò (*ou* k'ŏ), Pouvoir, Possible, „Possiblement", d'un usage très fréquent dans la conversation, n'y a pas l'acception dubitative de nos expressions Peut-être, Il se peut que. C'est, au contraire, dans un sens très affirmatif qu'il tient lieu de nos vocables Bien ou Vraiment, par lesquels il convient de le traduire. Ex. :

可是 k'ŏ ché, Il peut BIEN être que ; *d'où* Mais, Cependant, C'est que (*restrictif*).

可以 k'ŏ-yì, Cela peut être employé ; *d'où* C'est bien.

也可 yè k'ò, C'est bien aussi.

母親可是這樣 moù-ts'īn k'ŏ ché tchó-yáng, La mère est bien (vraiment) ainsi.

可是太冷的 k'ŏ ché t'ái lèng ti, Mais c'est trop froid ; C'est vraiment trop froid.

他可不糊塗 t'ā k'ŏ poú hoû-t'oû, Il n'est vraiment pas bête, *ou* stupide.

RÈGLE 49 : — Si, dans les locutions verbales de la seconde série précédente ou leurs similaires, on remplace 得 tê par la négation 不 poú, celle-ci acquiert le sens de Ne pas pouvoir. Ex. :

起不來 k'ì poú lâi, Ne pas pouvoir se lever (不起來 *signifie* Ne pas se lever).

過不去 koúo poú k'iú, Ne pas pouvoir passer (不過去, Ne pas passer).

懂不得 tòng poú tô, Ne pas pouvoir comprendre (不懂得, Ne pas comprendre).

構不上 kéou póu chàng, Ne pas pouvoir atteindre, *au prop. ou au fig.*

連不下 liên póu hiá, Ne pas pouvoir se joindre *ou* se lier.

擱不上 kô póu chàng, Ne pas pouvoir placer, déposer (*de même:* 擱不下, 擱不住, 擱不了, 擱不開, *avec des nuances, marquées par les auxiliaires*).

趕不上 kàn póu chàng, Ne pas pouvoir atteindre (rattraper).

拿不住 nâ póu tchóu, Ne pas pouvoir tenir *ou* retenir.

用不着 yóng póu tchâo, Ne pas pouvoir employer *ou* utiliser.

找不着 tchào póu tchâo, Ne pas pouvoir trouver (en cherchant).

了不得 leào póu tô, Ne pas pouvoir réaliser, *ou* en finir.

得不了 tô póu leào, Ne pas pouvoir obtenir; On ne saurait obtenir.

買不了 mài póu leào, Ne pas pouvoir acheter; On ne saurait acheter.

完不了 wân póu leào, Ne pas pouvoir terminer.

好不了 hào póu leào, Ne pas pouvoir s'améliorer.

看不起 k'án póu k'ì, Ne pas pouvoir regarder; N'avoir aucune considération pour.

對不起 toúei póu k'ì, Ne pas pouvoir affronter, se trouver face à face avec.

來不及 lâi póu kî, Ne pas pouvoir arriver.

好不過 hào póu koúo, Ne pas pouvoir être excellé (dépassé en bonté).

開不開 k'āi póu k'āi, Ne pas pouvoir ouvrir.

瞧不見 ts'iâo póu kién, Ne pas pouvoir voir.

瞅不見 tch'eòu póu kién, Ne pas pouvoir apercevoir.

講不下去 kiàng póu hiá k'iú, Ne pas pouvoir expliquer *ou* s'expliquer.

聽不出來 t'īng póu tch'ōu lâi, Ne pas pouvoir entendre.

1ère Remarque. L'interrogation pourra être exprimée par l'alternative résultant des deux constructions précédentes, l'une affirmative et l'autre négative (*Conf.* RÈG. 21, 2°.). Ex. :

這个、拿得進去、拿不進去、tchó-kó, nâ tê tsín k'iú, nâ poú tsín k'iú, Ceci, peut-on le faire entrer *là-bas* ou non?

大門、開得開、開不開 tá mên, k'āi tê k'āi, k'āi póu k'āi, La grande porte peut-elle, ou non, être ouverte?

2ème Remarque. L'expression 不得 poú tô a aussi le sens de Ne pas pouvoir, dans les locutions optatives 巴不得 pā poú tô et 恨不得 hén poú tô, qui correspondent à notre Que ne puis-je? Ex. :

我巴不得要報這个仇 wò pā poú tô yáo páo tchó-kó tch'eôu, Que ne puis-je tirer vengeance de ceci!

恨不得他中舉了 hén póu tô t'ā tchóng kiù lo, Que n'a-t-il réussi à la licence!

3ème Remarque. Les adjectifs français terminés en *able* ou en *ible*, marquant la possibilité, ont pour équivalents chinois des qualifications composées conformément aux RÈGLES 48 et 49 ci-dessus. Ex. :

可笑的 k'ŏ siáo ti, Risible.

可樂的 k'ŏ ló ti, Amusant, délectable.

可惡的 k'ŏ wóu ti, Détestable.

可恨的 k'ŏ hén ti, Haïssable, odieux.

可怕的 k'ŏ p'á ti, Redoutable.

過得去的 koúo tê k'iú ti, Passable.

過不去的 koúo póu k'iú ti, Impassable; Inadmissible.

講得來的 kiàng tê lâi ti, Explicable.

說不得的 choūo poú tô ti, Indicible, ineffable.

使不得的 chè poú tô ti, Inutilisable.

要不得的 yáo poú tô ti, Désagréable, antipathique.

找不着的 tchào poú tchâo ti, Introuvable.

分不開的 fēn poú k'āi ti, Inséparable.

免不了的 mièn poú leào ti, Inévitable.

RÈGLE 50: — Le régime direct d'un verbe composé prend souvent place entre le verbe principal et l'auxiliaire. Ex.:

拿白糖來 nâ pâi t'âng lâi, Apporter du sucre blanc.

拿冰糖去 nâ pīng t'âng k'iú, Emporter le sucre candi.

送信去 sóng sín k'iú, Envoyer une lettre *au loin*.

捎衣裳來 chāo yī-chāng lâi, Envoyer le vêtement *ici*.

1ère *Remarque*. Cette construction fait du complément du verbe principal le sujet de l'auxiliaire : Apporte du sucre = Prends du sucre *pour qu'il* vienne ; Expédier une lettre = Envoyer une lettre *qui* part. Lorsque le régime du verbe principal est aussi régime de l'auxiliaire, il doit suivre ce dernier. Ex.:

他懂得我的話 t'ā tòng tê (*ou* tô) wò ti houá, Il comprend mes paroles.

你沒有碰見人 nì mêi yeòu p'éng kién jên, Tu n'as rencontré personne.

吃不得生冷 tch'ē póu tô chēng-lèng, Ne pas pouvoir manger des crudités.

2ème *Remarque*. Si l'on fait porter l'accent sur le second verbe, il devient verbe principal et celui qui le précède n'a plus qu'un rôle circonstanciel. Ex.:

拿白糖來 nâ pâi t'âng LÂI, Venir prendre le sucre blanc.

拿冰糖去 nâ pīng t'âng K'IÚ, Aller chercher le sucre candi.

送信去 sóng sín K'IÚ, Aller porter une lettre.

取銀子來了 ts'iù yîn-dzeu LÂI lo, Il est venu chercher de l'argent.

3ème *Remarque*. Le verbe 去 k'iú est souvent employé deux fois dans la même phrase, sans que cette réduplication ajoute rien au sens. Ex.:

您還沒去請他去 nîn hâi mêi k'iú ts'ìng t'ā k'iú, Vous n'êtes pas encore allé l'inviter.

得去找去 tèi k'iú tchào k'iú, Il faut aller chercher.

21e Leçon.

RÈGLE 51 : — Si le verbe auxiliaire est formé de deux mots, le régime direct prend généralement place entre eux. Ex. :

說出話來 choūo tch'ŏu houá lâi, Proférer des paroles (*litt.*: En parlant, faire sortir des paroles *qui* viennent).

収回洋錢來 cheōu houêi yâng ts'iên lâi, Recouvrer l'argent étranger.

扔不下石頭去 jēng póu hiá chê-t'eŏu k'iú, Ne pas pouvoir jeter des pierres.

分不出黑白來 fēn póu tch'oū hēi pô lâi, Ne pas pouvoir distinguer le noir et le blanc.

擡不起這麼大的分量來 t'âi póu k'ì tchó-mō tá ti fén-leáng lâi, Ne pas pouvoir soulever un poids aussi grand.

想不起什麼好法子來 siàng póu k'ì chê-mō hào fâ-dzeu lâi, Ne pouvoir imaginer aucun bon moyen.

趕不過水池子去 kàn póu kouó chouèi tch'ê-dzeu k'iú, Ne pas pouvoir dépasser, en conduisant *une voiture*, le bassin d'eau.

扯上旗子去 tch'ò chàng k'î-dzeu k'iú, Hisser le pavillon.

扯不下旗子來 tch'ò póu hiá k'î-dzeu lâi, Ne pas pouvoir amener le pavillon.

1ère *Remarque*. Lorsque le régime est longuement exprimé, il suit tous les auxiliaires, dans la majorité des cas. Ex.:

天黑了、我分不出來是桃紅是橘紅的了、 t'iēn hēi lo, wò fēn póu tch'ŏu lâi ché t'âo-hông ché kiú-hông ti lo, Le ciel est noir, je ne puis plus distinguer si c'est rouge-pêche ou orangé.

2ème *Remarque*. Concurremment avec les précédentes, la construction du régime avec 把 pà est très usitée:

你把他扭住了 nì pà t'ā nieòu tchóu lo, Saisis et retiens-le.

要把草房子蓋起來 yáo pà ts'ào fâng-dzeu kái k'ì lâi, On construira la chaumière.

Thème 21.

Quelques paroles que je lui dise, il ne peut pas les entendre. — Je monterai ici, tu retourneras là *et* ils (alors) ne pourront plus passer. — Cet oiseau est très grand : j'emploie *mes* deux mains et je ne puis le retenir. — Le professeur ne sait pas *si* vous comprenez *ou* non. — Ne pouvez-vous pas trouver votre devoir? — Il faut encore lui expédier vingt piastres et demie *et* (alors) ce sera fini. — Les marchandises qu'il désire acheter, on ne saurait en trouver d'aussi bon marché. — Effectivement, *elles* sont toutes introuvables. — Je pense qu'il faut le retenir pour avoir une conversation avec lui. — Quand il sera revenu, nous imaginerons certainement quelque bon moyen. — Ces noix, je ne puis les casser; les deux moitiés sont inséparables. — Ce qu'il dessine est trop fin; pouvez-vous l'apercevoir? — Les deux paquets de vêtements que vous avez envoyés hier, je ne les ai pas encore reçus. — Fais-le entrer dans ma chambre; je veux le voir et (veux) le chasser. — Son caractère est détestable; il ne peut le changer. — Prends cette feuille de papier et tends-la-lui.

Version 21.

老朋友們、我可是離不開的了。

他今天病得利害、真像活不了了。

託我辦的事、沒辦好、對不起您、來年罷。

要瞧見他的一篇文章、就這裏不了、是。

唉、可是裏頭有三兩句不敢、這个話、這一句去、是使句。

請您給弄一弄罷。

他是少不得的。

得改不過來、

于上攔不住你要留下的那桌沒。

見着別的就拿回這个來。我既。

然不能下來、我總可以上去。

包起書來走着道兒回家去。

LEÇON XXII.

Voix passive. Locutions verbales et adverbiales. Onomatopées.

RÈGLE 52: — La voix passive des verbes n'a pas, en chinois, de forme particulière. On dit: 他開門了 t'ā k'āi mên lo, Il a ouvert la porte, et 門開了 mên k'āi lo, La porte a été ouverte; 開着門 k'āi tchô mên, Ouvrant la porte, et 門開着 mên k'āi tchô, La porte est ouverte.

De même: 我叫他來 wǒ kiáo t'ā lâi, Je l'appelle, et 他叫來了 t'ā kiáo lâi lo, Il a été appelé; 你留他罷 nì lieôu t'ā pá, Garde-le, et 他留在這裏 t'ā lieôu tsái tchó-lì, Il est gardé (*ou* reste) ici; 乾淨的手巾不見了 kān-tsíng ti cheôu-kīn póu kién leâo, La serviette propre a disparu (*litt.*: n'est plus vue); 腌臢的掭布也沒有 ngāng-tsāng (*ou* ā-tsā) ti tchàn-poú yè mêi-yeôu, Le torchon sale aussi a disparu (*litt.*: n'est pas eu).

Remarque. Cependant certains verbes-prépositions, tels que 被 péi, Endosser-Par, 受 cheóu, Subir-Par, 挨 ngāi, Subir-Par, 叫 kiáo, Faire que-Par, etc., suivis d'un autre verbe qui exprime une action subie, exigent pour celui-ci la forme passive française. Ex.:

他被人罵了幾次 t'ā péi jên má leâo kì ts'éu, Il a été injurié plusieurs fois par les gens (*litt.*: Il a endossé que les gens l'injuriassent plusieurs fois).

被告 péi káo, Etre accusé (*litt.*: Endosser *qu'on vous* accuse; *aussi* L'accusé).

受他勉强 cheóu t'ā mièn-k'iàng, Etre forcé par lui.

挨賊打了 ngāi tsêi tà lo, Avoir été frappé par un voleur.

賊叫官兵擋住了 tsêi kiáo kouān pīng tàng tchóu ló, Les brigands ont été arrêtés, dans leur marche, par les troupes du gouvernement.

見笑了 kién siáo lo, Je suis plaisanté *par vous* (phrase polie pour : Vous faites de moi un objet de risée en me complimentant ainsi).

見少 kién chào, Diminuer (*litt.* : Etre vu moindre).

LOCUTIONS VERBALES.

Celles d'entre elles qui sont empruntées à la langue écrite et appartiennent au langage élégant sont signalées ci-dessous par un astérisque *.

相 siāng, Mutuellement, L'un l'autre, forme : 相見 siāng kién, Se voir ; 相碰 siāng p'éng *ou* 相遇 siāng yú, Se rencontrer ; 相干 siāng kān, Concerner, Avoir rapport ; 相近 siāng kín, Etre proche ; 相背 siāng péi, Etre contraires ; 相反 siāng fàn, Etre opposés ; 相好 siāng háo, S'aimer, Etre amis ; 相待 siāng tái, Se traiter *bien ou mal* ; 相似 siāng sséu, Etre semblables, se ressembler.

隨 soûei, Suivre, Suivant, répété avec des verbes différents, équivaut à notre locution Au fur et à mesure : 隨到隨發 soûei táo soûei fā, Expédier au fur et à mesure de l'arrivée.

Une répétition verbale du même genre implique l'emploi de nos expressions Les uns...., les autres....; on dit, en chinois, 走的走、跑的跑 tseòu ti tseòu, p'ào ti p'ào, Ceux qui marchent marchent et ceux qui courent courent, pour Les uns marchent et les autres courent.

越 yúe, Dépasser, répété dans les mêmes conditions, équivaut à Plus...., plus.... : 酒越陳越好 tsieòu yúe tch'ên yúe hào, Plus le vin est vieux, meilleur il est.

越發 yúe fā, (Davantage—se produire) D'autant plus : 他越發要鬧 t'á yúe fā yáo náo, Il fera d'autant plus de tapage.

連人帶馬 liên jên tái mà, Et l'homme et le cheval (Joignant l'homme avec *son* cheval).

自 tséu, Soi-même, forme : 自重 tséu tchóng, Se respecter, Avoir de l'amour-propre ; 自盡 tséu tsín, Se suicider ; 自大 tséu tá, Se vanter ; 自專自主的 tséu tchouān

22e Leçon.

tséu tchoù ti, Indépendant, En toute liberté; 自由 tséu yeôu, Etre libre.

許 hiù, Il est permis, possible que, Peut-être; ex.: 許落在臥房了 hiù láo tsái wó-fâng lo, C'est peut-être tombé dans la chambre à coucher; 也許 yè hiù, C'est possible aussi.

*不如 poú joû, Ne pas être comme (*c'est-à-dire* aussi bien que), équivaut à Ne pas valoir, Il n'est tel que de; ex.: 恭敬不如從命 kōng-kíng poú joû ts'ông míng, Vous montrer du respect n'est pas tel que d'obéir à *vos* ordres, *ou* L'obéissance vaut mieux que le respect.

務必要 wóu-pí yáo, Il est absolument nécessaire de *ou* que.

*何必 hô pí, Pourquoi serait-il nécessaire de *ou* que? Quelle nécessité y a-t-il de?

*何嘗 hô tch'âng, (Où a-t-on éprouvé que?) Est-ce que jamais?

*莫非是 mó fēi ché *ou* 莫不是 mó poú ché, N'être autre que, N'être que (*ici, deux négations valent une forte affirmation*: 莫 mó, Ne pas y avoir que 非是 fēi ché *ou* 不是 poú ché, ce ne soit pas).

*莫奈何 mó nái hô, N'y pouvoir mais (*litt.:* N'avoir pas ce qui aide à quoi que ce soit).

*無奈 wôu nái, (*litt.:* N'avoir pas de moyen) Malheureusement,....!

*無所不 wôu souò poú, N'avoir rien que ne pas; ex.: 他無所不知 t'ā wôu souò poú tchē, Il n'est rien qu'il ne sache.

*不得已 poú tô yì, (*litt.:* Ne pouvoir *en* finir) Ne pouvoir faire autrement que de, Etre contraint par force majeure.

*不致於 poú tché yû, (*litt.:* Ne pas faire arriver à) Il ne s'ensuit pas que, Ne pas aller jusqu'à.

*不在乎 poú tsái hoū, (*litt.:* Ne pas être dans) Ne pas dépendre de, *au fig.*

LOCUTIONS ADVERBIALES.

Plusieurs sont composées avec le concours de verbes et pourraient être classées dans la catégorie précédente.

一 yí, Unique, Même, De même, forme : 一樣 yí yáng, De même, Egalement ; 一體 yí t'ì, Uniformément, En bloc (*litt.*: D'un seul corps) ; 一起 yí k'ì, (Se levant en une seule fois) Ensemble ; 一塊兒 yí k'ouá'eul, Ensemble ; 一隨兒 yí ts'w'eûl, Ensemble ; 一律 yí lú, Uniformément (*litt.*: *Selon* une *même* loi) ; 一定 yí tíng, Certainement ; 專一 tchouān yí, Uniquement, Spécialement, Tout particulièrement ; 一致 yí tché, Unanimement, Unanimité.

並 (*ou* 并) píng, Egalement, suivi d'une négation, doit être traduit par Aucunement. Ex. : 並不光亮 píng poú kouāng-leáng, Aucunement lumineux ; 並沒求他 píng mêi k'ieôu t'ā, Je ne l'ai aucunement prié ; 並不餓 píng póu ngó, N'avoir aucunement faim.

總 tsòng, D'une façon générale, absolue ; *d'où* Toujours et, avec une négation, Jamais. Ex. : 總要隨便 tsòng yáo soûei pién, Vouloir toujours suivre sa commodité ; 總沒有毛病 tsòng mêi-yeòu mâo-píng, Il n'y a jamais de défauts.

決 (*ou* 决) kiûe, *ou* 絶 tsiûe, Décidément, De façon tranchée, absolue. Ex. : 某人決不能賴這个 meòu jên kiûe poú nêng lái tchó-kó, Un tel ne peut absolument pas dénier ceci.

毫 hâo, Un millième, Dans la moindre mesure, forme : 毫不 hâo poú, Aucunement ; *毫無 hâo woû, Sans aucun, e.

從 ts'ông, Suivre, En suivant, Avec, forme : 從嚴 ts'ông yên, Sévèrement, Rigoureusement ; 從新 ts'ông sīn, Nouvellement, De nouveau ; 從速 ts'ông soú, Rapidement ; 從重 ts'ông tchóng, Avec sévérité *ou* aggravation.

來 lâi, Venir, Venant, placé en second, indique l'origine : 生來 chēng lâi, De naissance ; 從來 ts'ông lâi, 向來 hiáng lâi, Jusqu'ici ; 素來 soú lâi, Habituellement ; 古來 koù lâi, Anciennement, Jadis, Dans l'antiquité ; 將來 tsiāng lâi, Dans

22e Leçon.

l'avenir, Désormais, Dorénavant.

Locutions répétées: *一則.... 一則...., yí tsô...., yí tsô...., D'une part...., d'autre part...., ou D'abord...., puis.... (litt.: Un, alors...., un, alors....; ou 一來.... 二來...., yí lâi..., eúl lâi...); 一个一个的 yí kó yí kó ti, Un à un; 一步一步的 yí póu yí póu ti, Pas à pas; 一條一條的 yí t'iâo yí t'iâo ti, Article par article; 一層一層的 yí ts'êng yí ts'êng ti, Degré par degré.

外 wái, En dehors, forme: 另外 líng wái (ou 另 líng), Indépendamment, En outre; 格外 kô wái, Particulièrement, Extraordinairement (litt.: En dehors de la règle ordinaire).

自 tseú, De soi-même, De là, Naturellement, forme: 敢自 kàn tseú, Naturellement; 竟自 kíng tseú, En définitive, Néanmoins; 儘自 tsìn tseú, Entièrement, uniquement; 私自 sséu tseú, Privément, De son autorité privée, Secrètement; 擅自 chán tseú, De sa propre initiative, Sans autorisation.

究竟 kieóu kíng, (litt.: Cherchant jusqu'à la fin) En définitive.

必 pî (ou pí), Certainement, Nécessairement, forme: 必定 pî tíng, Certainement, Assurément; 未必 wéi pî, Pas forcément.

且 ts'iè, En même temps, En outre, forme: 並且 píng ts'iè, De plus; 暫且 tchán ts'iè, Temporairement, Pour le moment; 姑且 kōu ts'iè, Provisoirement.

將就 tsiāng tsieóu, (Sur le point de — Approcher) Approximativement, grosso modo; aussi Excuser.

大概 tá kái, En somme, Probablement.

大約 tá yuē, A peu près, Probablement.

光景 kouāng kìng, (litt.: Suivant la lumière et l'aspect des choses) Vraisemblablement, Probablement.

馬上 mà cháng, (litt.: A cheval) Tout de suite, Bien vite.

不大很 poú tá hèn, Guère : 不大很對 poú tá hèn toúei, Guère concordant, *ou* exact.

不知不覺的 poú tchē poú kiào ti, Insensiblement, Sans s'en douter.

幸虧 híng k'ouēi (*litt.*: Par bonheur être redevable de), Heureusement que.

其實 k'î chê, (*litt.*: De cela le vrai) Mais, en vérité ; Certes.

十分 chê fēn, (*litt.*: Aux dix dixièmes) Tout à fait, De tout point.

ONOMATOPÉES.

喜喜 hì-hì, *ou* 喜喜哈哈 hì-hì hā-hā, Bruit du rire.

喊喊咤咤 ts'ī-ts'ī tch'ā-tch'ā, Bruit du chuchotement.

呼呼的睡 hōu-hōu ti chóuei, Dormir en ronflant.

叮噹 tīng-tāng, Tic tac d'une pendule.

冰冰崩崩 pīng-pīng pēng-pēng, Bruit de la fusillade.

唂啦一響 houâ-lā yí hiàng, Le bruit du canon (houâ-lā, Boum!)

只聽噹的一聲 tchè t'īng tāng ti yí chēng, On n'entend qu'un son de tāng (détonation).

THÈME 22.

Nous sommes, tous quatre, venus ensemble. — Puisque l'intendant est parti, naturellement j'irai le chercher au dehors. — Pourquoi ne montez-vous pas degré par degré ? — Le voleur, après avoir dérobé ces objets, les a probablement vendus. — *Tous* les vêtements qu'il y avait ont vraisemblablement été emportés aussi par lui seul. — Celui-ci n'a guère l'air d'être le mien. — Malheureusement, la chambre est noire et je ne puis, pour le moment, l'apercevoir. — Cet homme, *on* dit que ce n'est pas forcément le plus détestable. — Nous voulons en employer un tout à fait convenable. — N'est-ce pas ? *Mais*, en

22ᵉ Leçon.

vérité, un tel homme ne saurait être obtenu. — Il a été accusé par quelques personnes de cette localité et est revenu secrètement. — Toutes ces affaires sont sans rapport avec nous. — Il est possible aussi qu'il ne se rappelle pas mes paroles. — Ils *en* seront d'autant plus amis, tous deux. — Quelle nécessité aurait-il maintenant de vous écrire une lettre? — Effectivement, ce n'est plus nécessaire maintenant.

VERSION 22.

油燈都被剛叫來的那個人吹了.
你去不去都不在乎哥哥啊.那是一件頂不得已的事情不致於對不起朋友了.
並不礙事一來沒有碰見什麼人二來回家得很早.幸虧父親昨兒都說開了.木匠作的工夫雖然粗一點兒、還可以將就用.我生來是這麼個人、什麼好處、我決不能得.
你另外賠了多少錢哪.
沒算明白.
必得從新再寫罷.你寫錯了兩篇兒、竟自派作督軍了. 酒盛在小瓶子裏頭.

LEÇON XXIII.
Conjonctions et locutions conjonctives.
Futur et conditionnel.

Nous avons vu (RÈG. 10) que nos conjonctions françaises les plus usuelles sont très souvent sous-entendues, en chinois. Tel est le cas de Que, mot pour lequel il n'existe aucun équivalent dans la langue parlée. Les locutions conjonctives dans la composition desquelles entre cette conjonction (Afin que, Ainsi que, Quoique, Puisque, etc.) sont traduites, en chinois, par des locutions verbales-prépositives ou nominales-postpositives et, parfois, par des particules („mots vides", voir p. 3) qui, en très petit nombre, constituent proprement les conjonctions chinoises.

Certaines locutions conjonctives ont déjà été mentionnées dans la liste qui figure, sous la RÈGLE 37, aux pages 71 à 74, car elles se confondent avec des verbes-prépositions ou des locutions prépositives. Il n'y a, en effet, aucune différence à établir entre ces éléments du langage, entre Afin de et Afin que, De peur de et De peur que, etc.

A MOINS QUE. 除非 tch'oû fēi (= éliminant à ne pas être), 非 fēi (= n'étant pas).

AFIN QUE. 好 hào (= *pour* faciliter *que*).

AINSI. 就 tsieóu (= alors); 那麽 ná-mō *ou* 那麽着 ná-mō-tchô (= de la sorte); 所以 souò yì (= c'est pourquoi).

AINSI QUE. 如同 joû-t'ông (= comme — de même). *Voir* ET.

APRÈS QUE ..... 之後 , ... tchē heóu ; 等 .... 之後 tèng .... tchē heóu.

AUSSI. 就 tsieóu (= alors); 那麽 ná-mō (= de la sorte).

AUTANT QUE. — ceci, 這麽多 tchó-mō touō, 這麽些个 tchó-mō siē-kó; — cela, 那麽多 ná-mō touō, 那麽些个 ná-mō siē-kó; — moi, 我這麽多 wò tchó-mō touō; — qu'à lui, 他的那麽多 t'ā ti ná-mō touō.

23e Leçon.

AVANT QUE ...... 之前 ,... tchē ts'iên.

BIEN QUE. *Voir* QUOIQUE.

CAR. 爲的是 wéi tí ché (= *le* pourquoi est *que*).

CEPENDANT. 到底 táo tǐ (= au fond); 可是 k'ŏ ché (= *mais* il est bien *que*); 然而 jân eûl (= ainsi, mais); 而 eûl (= et *ou* mais); 而且 eûl ts'iè (= mais, en même temps); 但是 tán ché (= *il* est seulement *que*).

C'EST-À-DIRE. 就是 tsieóu ché (= alors c'est).

C'EST POURQUOI. 所以 souǒ yì (= ce qui est employé *pour que*).

COMME. 因爲 yīn-wéi (= suivant, pour; à cause *que*); 如同 joû-t'ông (= comme, de même). *Voir* LORSQUE.

D'AILLEURS. 並且 píng ts'iè.

D'AUTANT PLUS QUE. 況且 k'ouáng ts'iè.

DE MÊME QUE. 如同 joû-t'ông.

DE PEUR QUE. 怕的是 p'á ti ché (= ce qu'*on* craint est *que*); 恐怕 k'ŏng-p'á (= craignant).

DE PLUS. 又 yeóu; 並且 píng ts'iè.

DE SORTE QUE. 就 tsieóu (= alors); 便 pién (= alors); 所以 souǒ yì (= c'est pourquoi).

DÈS QUE. 一.... 就..., yī.... tsieóu.... (= une *fois que*..., alors.....).

DONC. 就 tsieóu (= alors); 便 pién (= alors); 所以 souǒ yì (= c'est pourquoi).

ENCORE QUE. *Voir* QUOIQUE.

EN TANT QUE. 當 tāng (= valant *ou* faisant fonction de).

ET. 和 hán (= avec); 跟 kēn (= avec); 並 píng (= aussi, *devant un verbe*); 也 yè (= aussi, *devant un verbe*); 就

tsieóu (*et aussitôt, suivi d'un verbe; ex.*: 我吃飯就去 wŏ tch'ē fán tsieóu k'iú, Je mange et je m'en vais).

LORSQUE..... 的時候 ti chê-heóu (= *au moment où; voir p. 81, Rem.*); 多喒 touō tsân, 幾時 kĭ chê (*voir les mêmes expressions comme adverbes, p. 48*); 等 tèng (= *si l'on attend que*), 趕 kàn *ou* 趕到 kàn táo (= *si l'on poursuit jusqu'à ce que*).

MAIS. *Voir* CEPENDANT.

NE QUE. 不過 poú koúo (= ne pas dépasser); 但 tán (= seulement); 淨 *ou* 凈 tsíng (= purement); 竟 kíng (= définitivement); 光 kouăng (= nettement, seulement); 纔 ts'âi (= alors seulement; *ex.*: 等我渴了纔喝 tèng wŏ k'ŏ leào ts'âi hŏ, Je ne boirai que lorsque j'aurai soif)

NÉANMOINS. 竟自 kíng tséu (= *en définitive, il se produit que*). *Voir* CEPENDANT.

NI. 也不 yè poú (= aussi ne pas), 也不是 yè poú ché (= aussi ne pas être).

OR. 可是 k'ŏ ché (= Bien *il* est *que*).

OU, OU BIEN. 或是 houó ché (= ou c'est); 或 houó (= ou, peut-être); 還是 hâi ché (= encore c'est). *Ex.*: 還在客廳、還在廚房 hâi tsái k'ó-t'īng, hâi tsái tch'oû-fâng, Est-ce dans le salon ou dans la cuisine?

OU...., OU..... *Mots ci-dessus, répétés*: 或這个、或那个 houó tchó-kó, houó ná-kó, Ou ceci, ou cela; 或是進城、或是下鄉 houó ché tsín tch'êng, houó ché hiá hiāng, Ou entrer en ville, ou aller à la campagne; 還是道喜、還是辭行 hâi ché táo hì, hâi ché ts'êu hîng, Ou féliciter, ou prendre congé?

23e Leçon.

OUTRE QUE. 除了 tch'oû leào (= ayant éliminé *que*); 除.....之外 tch'oû.... tchē wái (= *en* dehors de..... éliminé).

PARCE QUE. 因爲 yīn wéi (= suivant, à cause *que*).

POUR QUE. *Voir* AFIN QUE.

POURQUOI. 爲什麽 wéi chê-mŏ (= pour quoi?).

POURTANT. *Voir* CEPENDANT *et* NÉANMOINS.

POURVU QUE. 但是 tán ché (= *Si*, seulement, il est que).

PUISQUE. 旣然 kí jân (*voir* RÈG. 45, *Rem.*), 旣是 kí ché, 旣 kí.

QUAND. *Voir* LORSQUE.

QUOIQUE. 雖然 soŭei jân (*voir* RÈG. 45, *Rem.*), 雖是 soŭei ché, 雖 soŭei; 就是 tsieóu ché (= *qu'il* soit alors *que*).

SAVOIR. 就是 tsieóu ché (= c'est aussitôt...)

SI. 要是 yáo ché (= devant être *que*); 若是 jó ché (= si c'est); 倘 (*ou* 儻) 若 t'ǎng jó; 萬一 wán yī (= *dans* un cas sur dix mille); 如果 joû kouò (= si effectivement); 或者 houó tchò (= ce qui peut-être est que). — MÊME SI, 任...還...., jén... hâi... (*litt.*: laissant faire que..., encore....).

SINON. 要不然 yáo poú jân (= devant ne pas être ainsi), 不然 poú jân (= *si* pas ainsi); 否則 feoù tsô (= *si* non, alors).

SOIT. *Voir* C'EST-À-DIRE, OU, SAVOIR.

SUPPOSÉ QUE. 設或 chó houó (= établissant *que*, peut-être); 假如 kiǎ joû (= par emprunt, comme *si*); 譬如 p'ì joû (= *par* comparaison, comme *si*); 比方 pì-fāng (= *par* comparaison).

TANDIS QUE. *Voir* LORSQUE, CEPENDANT.

VU QUE. *Voir* PARCE QUE.

RÈGLE 53 : — La locution nominale-postpositive 之前 tchē ts'iên, qui correspond à notre locution conjonctive Avant que, se construit avec un verbe négatif. Ex. :

天氣還沒好之前 t'iēn-k'í hâi mêi hào tchē ts'iên, Avant que le temps ne se fût amélioré (*litt*. : *au moment* antérieur où le temps ne s'était pas encore amélioré).

他沒有娶親之前 t'â mêi-yeòu ts'iù ts'īn tchē ts'iên, Avant qu'il se soit marié.

RÈGLE 54 : — Les conjonctions françaises sont fréquemment remplacées, en chinois, par un corrélatif adverbial figurant dans le membre de phrase suivant. Ex. :

你來、我就去 nì lâi, wò tsieóu k'iú, *litt*. : Tu viens, je pars alors = Si, Quand *ou* Puisque tu viens, (alors) je pars.

他不願意、我還是進去 t'â poú yuán-yí, wò hâi-ché tsín k'iú, *litt*. : Il ne *le* désire pas, j'entre encore = J'entre, quoiqu'il (*ou* même quand il, *ou* même s'il) ne le désire pas.

RÈGLE 55 : — La forme future française résulte souvent de l'emploi, en chinois, des mots 再 tsái, Alors, 就 tsieóu, Aussitôt, 纔 ts'âi, Alors seulement, ou des verbes-conjonctions 等 tèng, Attendre = Quand, et 趕 kàn ou 趕到 kàn táo, Poursuivre jusqu'à = Quand. Ex. :

學生背了書、再回家 hiuê-chēng péi lo choū, tsái houêi kiā, L'élève retournera chez lui, quand il aura récité sa leçon.

他十四再動身 t'ā chê-ssêu tsái tóng chēn, Il se mettra en route, le 14.

明天就上銀行去 mîng-t'iēn tsieóu chàng yîn-hâng k'iú, Demain, j'irai à la banque.

他寫完了字、纔給他看 t'ā siè wân lo dzéu, ts'âi kèi t'ā k'án, On ne *le* lui donnera à regarder que quand il aura fini d'écrire.

等橘子沒了、你續上罷 tèng kiû-dzeu mêi lo, nì siú chang pá, Quand les oranges mandarines manqueront, tu en ajouteras.

23ᵉ Leçon.

趕貨物來齊了、給他寄一半去 kàn houó-woú lâi ts'î lo, kèi t'ā kí yí pán k'iú, Lorsque les marchandises seront arrivées au complet, on lui en expédiera la moitié.

RÈGLE 56: — Le conditionnel chinois n'a pas de forme particulière et n'est indiqué que par le contexte ou l'emploi du mot Si et de ses similaires, la confusion demeurant presque toujours ouverte avec le présent ou le futur. Ex.:

有酒、不喝茶 yeoù tsieoù, poú hō tch'â, S'il y a du vin, on ne boit pas de thé, *ou* S'il y a du vin, on ne boira pas de thé, *ou* S'il y avait du vin, on ne boirait pas de thé.

你要是來、我同你去 nì yáo ché lâi, wò t'ông nì k'iú, Si tu venais, j'irais avec toi (*ou:* Si tu viens, je vais *ou* j'irai avec toi).

他萬一有、必要給我一點兒 t'ā wán-yī yeòu, pí yáo kèi wò yí tiè'eul, S'il en avait (*ou* a), il m'en donnerait (*ou* donnera) certainement un peu.

設或沒有買的、得定作 chó-houó mêi-yeoù mài ti, tèi tíng tsó, En supposant qu'il n'y en ait pas à acheter, il faudrait (*ou* faudra) en faire faire.

比方要水、就問他要 pì-fāng yáo choùei, tsiéou wén t'ā yáo, Si (par exemple) on voulait (*ou* veut) de l'eau, on lui *en* demanderait (*ou* demandera).

THÈME 23.

Je n'irai que *si ma* mère *le* veut. — Il ne sait aucunement *si* tu viendras ou *si tu* ne viendras pas. — Ou nouveaux ou anciens, ceux-ci sont tous de même. — Pars maintenant, afin que nous puissions bientôt, l'un et l'autre, causer de nouveau. — Ainsi, vous ne voulez plus *de* lui? — Quand il pleut, nous ne pouvons pas aller faire visite à *nos* amis. — *Le* 15, c'est-à-dire demain. — *En* achetant des fruits, *en* vouliez-vous autant que cela? — Avant que j'eusse regardé minutieusement cet éventail, je pensais *que son* dessin *était* très joli. — Après que vous *l'*aurez vu, vous pourrez apprécier. — J'emporte la serviette, de peur que, demain, elle ne disparaisse. — A moins qu'il n'y ait quelqu'un *pour* le presser, *il* viendra certainement en retard. — Pourquoi n'écrivez-vous plus? — Parce que j'ai fini de copier *mon* devoir; d'ailleurs, je n'*y* vois plus.

VERSION 23.

兩件衣裳有點兒土、不要緊、一擦就乾淨了。您多嚐要來、先給我送信、纔好。不然我還許出門了、彼此都見不着了。可是我拜客、沒有一定的時候兒、不好先說。況且過了一幾天必要出他的一趟外。這个您是買的、或是借的呢、還是主人和太太一塊兒買的呢。這个帽子跟靴子是在花園裡頭罷。忘記了。明兒如果爲什麼不一有事不能不辦。到底可不是嗎、告兩天假、好解解悶兒。而且沒這个道理。就那麼着了。

LEÇON XXIV.
Expression du temps.

ANNÉES. — Depuis l'avènement de la République en Chine, une „ère républicaine" (民國紀元 mîn-kouô kí-yuân) a été adoptée, dont la première année (元年 yuân niên) correspond à l'année chrétienne 1912. La seconde année est appelée 中華民國二年 Tchōng-houâ mîn-kouô eúl niên, Deuxième année (*ou* An II) de la République chinoise; la troisième, 三年 sān niên, précédée de la même qualification.

Antérieurement à 1912, et à partir du milieu du IIème siècle avant Jésus-Christ, les Chinois se servaient, pour l'énonciation de leurs années, de courtes ères de règnes, différenciées par des 年號 niên-háo, ou „titres d'années", qui changeaient à chaque règne ou qui ont même, dans le passé, été modifiés à plusieurs reprises par un même souverain. L'an 1908 correspondait *grosso modo* à la 34ème année „Kouāng-siú" (光緒), titre choisi, lors de l'avènement de l'avant-dernier empereur, pour distinguer les années de son règne, mais qui n'est entré en vigueur, selon la coutume, qu'au début de l'an suivant. C'est ainsi que la première année „Siuān-t'òng" (宣統), du règne de son successeur, a eu pour point de départ le 1er jour de la 1ère lune suivante, ou le 22 janvier 1909. Le calendrier chinois, étant alors soli-lunaire, ne concordait pas avec les calendriers solaires de l'Occident.

Il est à remarquer que, les empereurs de Chine n'ayant pas, de leur vivant, d'appellation historique personnelle et l'usage de leur nom particulier (御名 yú mîng), correspondant à nos prénoms, étant interdit, on se servait souvent pour les désigner du titre imposé à leurs années de règne. C'est ainsi que l'on dit encore „l'empereur Siuān-t'òng". L'habitude prise fait que l'on dira longtemps aussi „l'empereur Kouāng-siú", quoique ce souverain ait reçu, après son décès, une appellation historique. De même, on n'a pas cessé de parler, de nos jours, des empereurs K'āng-hī, K'iên-lông, etc.

Les niên-háo de la dynastie impériale mantchoue, ou 大淸朝 Tá Ts'īng tch'âo, „Grande dynastie Pure", depuis son installation à Pékin, ont été les suivants:

順治 Choúen-tché (Gouvernement favorable), de 1644 à 1661;
康熙 K'āng-hī (Paix et gloire), de 1662 à 1722;
雍正 Yōng-tchéng (Concorde et droiture), de 1723 à 1735;
乾隆 K'iên-lông (Hauteur céleste), de 1736 à 1795;
嘉慶 Kiā-k'íng (Belle félicité), de 1796 à 1820;
道光 Táo-kouāng (Eclat de la *droite* voie), de 1821 à 1850;
咸豐 Hiên-fōng (Abondance universelle), de 1851 à 1861;
同治 T'ông-tché (Gouvernement égal), de 1862 à 1874;
光緒 Kouāng-siú (Continuation de gloire), de 1875 à 1908;
宣統 Siuān-t'òng (Succession intégrale proclamée) de 1909 à 1911.

La première année d'une de ces périodes était appelée 元年 yuân niên, comme dans l'ère actuelle; celles du début étaient dites 初年 tch'oū niên et celles de la fin 末年 moúo niên.

Chacune des années chinoises à porté, en outre, un nom formé de deux caractères „cycliques", c'est-à-dire empruntés à deux séries, ou cycles très anciens dits des Dix troncs, 十干 chê kān, et des Douze branches 十二支 (*ou* 枝) chê eúl tchē. Ces séries sont:

甲 kià, 乙 yī, 丙 pìng, 丁 tīng, 戊 wóu, 己 kì, 庚 kēng, 辛 sīn, 壬 jên et 癸 koùei (Cycle dénaire),

et 子 tsèu, 丑 tch'eòu, 寅 yîn, 卯 mào, 辰 tch'ên, 巳 sséu, 午 wòu, 未 wéi, 申 chēn, 酉 yeòu, 戌 siū et 亥 hái (Cycle duodénaire).

Ces signes, combinés deux à deux, six fois pour la première série et cinq pour la seconde, ont formé un autre cycle, de soixante termes, ou „cycle sexagénaire", qui sert à désigner les années de la chronologie chinoise depuis l'an 2637 avant l'ère chrétienne, date de la mise en vigueur de cette manière de supputer par l'empereur mythique 黃帝 Houâng tí, l'Empereur Jaune. On dira donc: l'année 甲子 kià-tsèu (1924, 1864, 1804, 1744 ....). L'an 1908 était 戊申 woú-chēn et 1909 己酉 kì-yeòu. La

24e Leçon.

forme correcte d'énoncer une année suivant cette méthode est de dire: 歲在己酉 soúei tsái kì-yeòu, „L'année sidérale se trouvant à kì-yeòu"; mais on dit aussi communément 己酉年 kì-yeòu niên.

Nous avons vu (page 66, 2ème Rem.) que le préfixe 第 tí n'était pas employé devant les adjectifs numéraux des dates chinoises; il en est de même pour l'énonciation des années européennes. Ex.:

西曆一千九百零九年 sī lí yí-ts'iēn kieòu-pài lîng kieòu niên, L'année 1909 du calendrier occidental.

Cet emploi est facultatif devant le mot Siècle, 世紀 ché-kí (néologisme):

第十九世紀 tí chê-kieòu ché-kí, Le dix-neuvième siècle.

二十世紀 eúl-chê ché-kí, Le vingtième siècle.

Le calendrier solaire est appelé 陽曆 yâng lí, (de 太陽 t'ái yâng, le Soleil) et le calendrier soli-lunaire 陰曆 yīn lí (de 太陰 t'ái yīn, la Lune), ou 舊曆 kieóu lí, Ancien ou Vieux calendrier.

Locutions usuelles [1]):

前年 ts'iên-niên, L'avant-dernière année.

大前年 tá-ts'iên-niên, Il y a trois ans.

後年 heóu-niên, Dans deux ans.

大後年 tá-heóu-niên, Dans trois ans.

過年 koúo-niên, L'année prochaine (litt.: passé l'année *présente*).

往年 wàng-niên, Les années passées.

本年 pèn-niên, L'année présente.

頭年 t'eôu-niên, L'année précédente; L'année dernière.

老年間 láo-niên kiēn, Dans les anciennes années; Jadis.

終年 tchōng-niên, Toute l'année.

按年 ngán niên, Par années, annuellement.

---

[1]) Ne figurent ici que des expressions qui n'ont pas été indiquées dans les leçons précédentes.

Mois et Lunes. — Le calendrier grégorien est entré en vigueur officiellement en Chine en 1912 et l'année républicaine commence en même temps que l'année française, avec laquelle elle coïncide jour pour jour. Les mois sont désignés par des nombres: 一月 yí yúe, Janvier [1]); 二月 eúl yúe, Février; 八月 pā yúe, Août; 十一月 chê-yí yúe, Novembre, etc.

Dans le calendrier soli-lunaire, qui est encore fréquemment employé dans l'usage populaire, les noms des lunaisons, ou mois chinois, sont les suivants:

正月 Tchēng-yúe, La première lune (tchēng et non tchéng),
二月 eúl-yúe, la deuxième lune,
三月 sān-yúe, la troisième lune,
四月 sséu-yúe, la quatrième lune,
五月 woù-yúe, la cinquième lune,
六月 lieóu-yúe, la sixième lune,
七月 ts'ī-yúe, la septième lune,
八月 pā-yúe, la huitième lune,
九月 kieòu-yúe, la neuvième lune,
十月 chê-yúe, la dixième lune,
十一月 chê-yí yúe, la onzième lune, ou 冬月 Tōng-yúe, Lune de l'hiver,

et 十二月 chê-eúl yúe, la douzième lune, ou 臘 (臈 ou 腊) 月 Lá-yúe, Lune des offrandes d'hiver aux esprits.

Tous les deux ou trois ans, une lune intercalaire, 閏月 joúen-yúe, est ajoutée pour parfaire l'année, de la façon dont un jour est ajouté à nos années bissextiles. La place qu'occupe ce mois supplémentaire varie suivant des règles déterminées. Si c'est après la cinquième lune, on l'appellera 閏五月 joúen-woù-yúe, ou 又五月 yeóu-woù-yúe.

---

1) Parfois 正月 tchēng-yúe, désignation de la première lune de l'année chinoise ancienne, ou 元月 yuân-yúe, le Mois initial.

Locutions usuelles:

月分 yúe-fēn, Lune, Mois.

某月 meòu yúe, Telle lune, *ou* Tel mois, *non spécifiés*.

某某月 meòu-meòu yúe, Telle ou telle lune, Tel ou tel mois.

月底 yúe-tì, La fin du mois, A la fin du mois (*ou* de la lune).

本月 pèn-yúe, La lune *ou* Le mois présents.

前月 ts'iên-yúe, La lune dernière *ou* Le mois dernier.

半个月 pán kó yúe, Demi-lune, Quinzaine.

過了一个月 kouó lo yí-kó yúe, Dans un mois *ou* Dans une lune.

JOURS. — Les lunes chinoises comprennent 30 jours (月大 yúe tá) ou 29 (月小 yúe siào), répartis entre trois Décades, ou 旬 siún. Du 1er au 10, inclusivement, le numéro du jour est précédé du mot 初 tch'oū, Commencement. Ex.: 初一 tch'oū-yí, Le 1er; 初五 tch'oū-woù, Le 5; 初十 tch'oū-chê, Le 10.

Du 11 au 30, le nom de nombre seul est usité: 十一 chê-yí, Le 11; 二十九 eúl-chê-kieoù, Le 29; 三十 sān-chê, Le 30.

On dira donc: 今天六月初十 kīn-t'iēn lieóu-yúe tch'oū-chê, C'est aujourd'hui le 10 de la sixième lune; 明天十一 mîng-t'iēn chê-yí, Demain sera le 11.

Les jours du calendrier grégorien sont tantôt désignés suivant la même méthode, tantôt énoncés comme „numéros", 號 háo. On pourra donc rencontrer indifféremment des appellations telles que: 西曆正月初一 sī lí tchēng-yúe tch'oū-yí, Le 1er Janvier, ou 西歷¹) 正月一號 sī lí tchēng-yúe yí háo, „le numéro 1 de Janvier"; 十七 chê-ts'ī, ou 十七號 chê-ts'ī háo, pour le 17.

---

1) 歷 Lí (Passer, Calendrier) est synonyme de 曆 lí, avec le sens de Calendrier. Ce dernier caractère était *évité par respect* depuis le règne de l'empereur K'iên-lông, parce qu'il entrait dans son nom personnel. On le remplaçait par 厤 lí, ou 歷 lí, variantes incomplètes de 歷 lí.

Locutions usuelles:

某日 meòu jé, *ou* 某某日 meòu-meòu jé, Tel jour, Tel ou tel jour, *non spécifié*.

今兒箇 kī'eul-kó, Aujourd'hui.

昨兒 tsô-eul, *ou* 昨兒箇 tsô-eul-kó, Hier.

明兒 mî'eul, *ou* 明兒箇 mî'eul-kó, Demain.

前兒 ts'iê'eul, *ou* 前兒箇 ts'iê'eul-kó, Avant-hier.

後兒 heóu-eul, *ou* 後兒箇 heóu-eul-kó, Après-demain.

半天 pán-t'iēn, Demi-journée; Longtemps.

一半天 yí-pán-t'iēn, Incessamment.

早半天 tsào-pán-t'iēn, *ou* 上半天 cháng-pán-t'iēn, La matinée.

後半天 heóu-pán-t'iēn, *ou* 下半天 hiá-pán-t'iēn, *ou* 晚半天 wàn-pán-t'iēn, L'après-midi.

晚上 wàn-cháng, *ou* 晚傍上 wàn-po (*pour* p'áng)-cháng, Le soir.

早起 tsào-k'ì, *ou* 早上 tsào-cháng, Le matin.

天亮 t'iēn-leáng, Au point du jour.

响午 chàng-hōu [1]), Midi.

白天 pâi-t'iēn, Le jour; De jour.

黑天 hēi-t'iēn, 黑下 hēi-hiá, 天黑了 t'iēn hēi lo, 夜裡 yé lì, La nuit; De nuit.

過兩天 kouó-leàng-t'iēn, Dans deux jours.

一天比一天好 yí-t'iēn pì yí-t'iēn hào, *ou* 一日好一日 yí-jé hào yí-jé, De jour en jour meilleur.

當日 tāng-jé, Ce jour-là; Alors; Autrefois.

THÈME 24.

Le général Wâng fumait seul, hier, dans *son* jardin. — Je ne l'ai aperçu que lorsque je suis sorti, le soir. — C'était alors le 18 de la première lune de la première année Siuan-t'òng, c'est-

---

1) On remarquera, pour Midi, la prononciation défectueuse hōu (au lieu de wòu), qui est générale à Pékin.

à-dire le 8 février 1909, du calendrier occidental. — Cette année, il y a une lune intercalaire: *une* Deuxième lune intercalaire. — *L'année* Kēng-tsèu était la vingt-sixième année Kouāng-siú. — Mon père est né, en France, *pendant les* premières années Táo-kouāng. — La Chine a conclu un traité avec l'Angleterre, il y a trois ans. — L'année précédente, un autre traité avait aussi été conclu. — Pourquoi n'irez-vous à l'école qu'après-demain? — Parce que, *pour* demain, j'ai demandé un congé d'un jour. — Le soir, je n'ai rien à faire; c'est pourquoi je fais venir un conteur public, afin de me distraire. — Il sait que je partirai soit à la septième lune, soit à la huitième (lune). — Depuis le 20 de la onzième lune jusqu'au 12 de la douzième (lune). — Le matin, je n'ai presque pas de temps *pour* me peigner. — *On* a certainement écrit telle année, tel mois et tel jour du calendrier solaire. — Ils ont déménagé, tous deux, le 15 juillet. — Ce qui est écrit est: le 15 août de la première année de la République chinoise.

VERSION 24.

這是乾隆年間造的佛爺廟。王先生是同治三年到北京過了十三年之後就是光緒四年纔回本家了。那一天、天纔還沒亮之前、就動身了。那本錢、當日說明白、要按年還十分之一。本月月小大後天我算一箇店裏住、趕大後天纔決不知道。半月。您可以定陽曆十六號那一天、再去商量那租地的事情。他說一天、還半天再有回信。我等了半天、還是沒見着。咱們兩國的人要一天比一天相好。喀天黑了、總得打發他回去睡覺。晚半天再騎馬。

LEÇON XXV.

Expression du temps *(Suite)*.

Heures. — Avant que les Chinois eussent adopté, d'une façon générale, la division du jour répondant aux indications des horloges et montres européennes, leur journée se partageait en douze heures, 時辰 chê-tch'ên, doubles des nôtres et désignées par les caractères de la Série duodénaire, ou des Douze branches, énumérés à la page 146. Chacune de ces heures comprenait deux moitiés (égales à nos heures), distinguées par les qualifications 初 tch'oū, Initiale, et 正 tchéng, Principale. Voici les noms et équivalences de ces heures:

De 11 heures du soir à 1 heure du matin: 子時 tsèu-chê, *ou* 子刻 tsèu-k'ó,

    comprenant: 子初 tsèu-tch'oū, De 11 heures à minuit,

    et 子正 tsèu-tchéng, De minuit à 1 heure.

De 1 heure à 3 heures du matin: 丑時 tch'eòu-chê, *ou* 丑刻 tch'eòu-k'ó,

    comprenant: 丑初 tch'eòu-tch'oū, De 1 heure à 2 du matin,

    et 丑正 tch'eòu-tchéng, De 2 heures à 3 du matin.

De 3 heures à 5 du matin: 寅時 yîn-chê, *ou* 寅刻 yîn-k'ó,

    comprenant: 寅初 yîn-tch'oū, de 3 heures à 4 du matin,

    et 寅正 yîn-tchéng, de 4 heures à 5 du matin.

De 5 heures à 7 du matin: 卯時 mào-chê, *ou* 卯刻 mào-k'ó,

    comprenant: 卯初 mào-tch'oū, de 5 heures à 6 du matin,

    et 卯正 mào-tchéng, de 6 heures à 7 du matin.

De 7 heures à 9 du matin: 辰時 tch'ên-chê, *ou* 辰刻 tch'ên-k'ó,

    comprenant: 辰初 tch'ên-tch'oū, de 7 heures à 8 du matin,

    et 辰正 tch'ên-tchéng, de 8 heures à 9 du matin.

De 9 heures à 11 du matin: 巳時 sséu-chê, *ou* 巳刻 sséu-k'ó,

25e Leçon.

comprenant: 巳初 sséu-tch'oū, de 9 heures à 10 du matin,

et 巳正 sséu-tchéng, de 10 heures à 11 du matin.

De 11 heures du matin à 1 heure après midi: 午時 woù-chê, *ou* 午刻 woù-k'ó,

comprenant: 午初 woù-tch'oū, de 11 heures à midi,

et 午正 woù-tchéng, de midi à 1 heure.

De 1 heure à 3 heures après midi: 未時 wéi-chê, *ou* 未刻 wéi-k'ó,

comprenant: 未初 wéi-tch'oū, de 1 heure à 2 après midi,

et 未正 wéi-tchéng, de 2 heures à 3 après midi.

De 3 heures à 5 après midi: 申時 chēn-chê, *ou* 申刻 chēn k'ó,

comprenant: 申初 chēn-tch'oū, de 3 heures à 4 après midi,

et 申正 chēn-tchéng, de 4 heures à 5 après midi.

De 5 heures à 7 du soir: 酉時 yèou-chê, *ou* 酉刻 yèou-k'ó,

comprenant: 酉初 yèou-tch'oū, de 5 heures à 6 du soir,

et 酉正 yèou-tchéng, de 6 heures à 7 du soir.

De 7 heures à 9 du soir: 戌時 siū-chê, *ou* 戌刻 siū-k'ó,

comprenant: 戌初 siū-tch'oū, de 7 heures à 8 du soir,

et 戌正 siū-tchéng, de 8 heures à 9 du soir.

De 9 heures à 11 du soir: 亥時 hái-chê, *ou* 亥刻 hái-k'ó,

comprenant: 亥初 hái-tch'oū, de 9 heures à 10 du soir,

et 亥正 hái-tchéng, de 10 heures à 11 du soir.

L'heure chinoise, double de la nôtre, se divisait en huit 刻 k'ó, équivalant à nos quarts d'heure.

La nomenclature des heures européennes repose sur l'emploi des mots 點 tièn, Point (du cadran), ou 下 hiá, Coup (de l'horloge). On dit: 一點鐘 yí tièn tchōng, Une heure; 兩下半鐘 leàng hiá pán tchōng, Deux heures et demie.

L'heure européenne est parfois appelée 小時 siào-chê, Petite heure.

En voici les subdivisions:

一刻 yí k'ó, Un quart d'heure.
一分 yí fēn, Une minute.
一秒 yí miào, Une seconde.

Locutions usuelles:

五分的工夫 woù fēn ti kōng-foū, La durée de cinq minutes; Pendant cinq minutes.

每一點鐘 mèi yí tièn tchōng, Chaque heure.

十二點鐘 chê-eúl tièn tchōng, Midi; Minuit.

過了八點鐘 kouó leào pā tièn tchōng, Passé huit heures, après huit heures.

不到八點鐘 poú táo pā tièn tchōng, *ou* 沒有八點鐘 mêi-yeòu pā tièn tchōng, Avant huit heures.

四點一刻、差五分鐘 sséu tièn yí k'ó, tch'ā wòu fēn tchōng, Quatre heures dix (*litt.*: Quatre heures un quart, moins cinq minutes).

兩點零五分鐘 leàng tièn lĭng wòu fēn tchōng, Deux heures cinq.

差一刻六點鐘 tch'ā yí k'ó lieóu tièn tchōng, Six heures moins un quart.

五點鐘過了六分 woù tièn tchōng kouó lo lieóu fēn, Cinq heures six.

七分五秒鐘 ts'ī fēn woù miào tchōng, Sept minutes *et* cinq secondes.

過了五分 kouò leaò woù fēn, Dans cinq minutes.

SEMAINE. — Quoique la semaine ne soit pas d'origine chinoise, nos noms de jours ne laissent pas d'être fréquemment employés par les Chinois, surtout dans leurs rapports avec les étrangers. Leurs traductions les plus usuelles sont les suivantes:

Dimanche. 禮拜 lĭ-pái, *ou* 主日 Tchoù-jé [1]).

---

1) Les noms de la seconde série ont été créés par les missionnaires catholiques.

25ᵉ Leçon.

Lundi.	禮拜一 lì-pái-yí,	*ou*	瞻禮二 tchān-lì-eúl ¹).
Mardi.	禮拜二 lì-pái-eúl,	*ou*	瞻禮三 tchān-lì-sān.
Mercredi.	禮拜三 lì-pái-sān,	*ou*	瞻禮四 tchān-lì-sséu.
Jeudi.	禮拜四 lì-pái-sséu,	*ou*	瞻禮五 tchān-lì-woù.
Vendredi.	禮拜五 lì-pái-woù,	*ou*	瞻禮六 tchān-lì-lieóu.
Samedi.	禮拜六 lì-pái-lieóu,	*ou*	瞻禮七 tchān-lì-ts'ī.

A ces deux ordres de dénominations correspondent celles de la Semaine elle-même : 一个禮拜 yí-kó lì-pái (*litt.*: Une salutation rituelle) et 一个主日 yí-kó Tchòu-jé (*litt.*: Un jour du Seigneur). Les noms des planètes ont été aussi rendus dans une troisième série de désignations, dans laquelle le mot Semaine est traduit par 星期 sīng-k'ī (一个星期 yí-kó sīng-k'ī, une „période des astres") :

Dimanche.	日曜日 Jé-yáo-jé,	*litt.*: Jour du Soleil (*angl.* Sunday) ²).
Lundi.	月曜日 yúe-yáo-jé,	*litt.*: Jour de la Lune.
Mardi.	火曜日 houò-yáo-jé,	*litt.*: Jour de Mars.
Mercredi.	水曜日 choùei-yáo-jé,	*litt.*: Jour de Mercure.
Jeudi.	木曜日 móu-yáo-jé,	*litt.*: Jour de Jupiter.
Vendredi.	金曜日 kīn-yáo-jé,	*litt.*: Jour de Vénus.
Samedi.	土曜日 t'où-yáo-jé,	*litt.*: Jour de Saturne.

On dit aussi 星期日 Sīng-k'ī-jé, Dimanche; 星期一 sīng-k'ī-ví, Lundi, etc.

Locutions usuelles :

上禮拜 cháng-lì-pái, La semaine dernière.
下禮拜 hiá-lì-pái, La semaine prochaine.

---

1) **Tchān-lì** signifie Contempler la cérémonie, Assister à la messe.
2) On appelle 七曜 ts'ī yáo, „Les sept planètes", le soleil, la lune et les cinq planètes connues de toute antiquité.

下主日 hiá-Tchoû-jé, La semaine prochaine, *ou* Dimanche prochain.

過兩个星期 kouó leàng-kó sīng-k'ī, Dans deux semaines.

LOCUTIONS GÉNÉRALES DE DÉSIGNATION DU TEMPS.

I. Passé :

當初 tāng tch'oū, *ou* 起初 k'ì tch'oū, Au commencement.

本來 pèn lâi, Dans le principe, Foncièrement.

原來 yuân lâi, A l'origine, Originairement.

從來 ts'ông lâi, Jusqu'ici, Depuis l'origine.

近來 kín lâi, *ou* 新近 sīn kín, Récemment, Dernièrement.

這间 tchó hiáng, Précédemment, Ces temps derniers.

從前 ts'ông ts'iên, Autrefois, Antérieurement.

早已 tsào yì, Depuis longtemps.

在先 tsái siēn, Précédemment.

底根兒 tì-k'eūl, *ou* 頭裡 t'eôu lì, D'abord, Au début.

上回 cháng-hoûei, *ou* 上次 cháng-ts'eú, La fois précédente, la dernière fois.

久而久之 kieôu eûl kieôu tchē, A la longue.

老 lào, Depuis longtemps.

原先 yuân-siēn, A l'origine; Antérieurement.

先頭兒 siēn-t'eôu-eul, A l'origine, dans le principe.

剛纔 kāng-ts'âi, *ou* 纔剛 ts'âi-kāng, Il y a un instant, à l'instant (*passé*).

剛剛 kāng-kāng, Tout à l'instant, à l'instant même (*id.*).

當時 tāng-chê, Alors, à ce moment; En ce temps-là, autrefois.

往往 wàng-wàng, Constamment (*passé ou présent*).

已經 yì-kīng, Déjà.

前十三年 ts'iên chê-sān niên, Il y a treize ans.

十三年前 chê-sān niên ts'iên, *id.*

25e Leçon.

II. Présent:

現在 hién-dzái, 如今 joû-kīn, 當下 tāng-hiá, Maintenant, à présent.

這一回 tchéi-hoûei, 這一次 tchéi-ts'éu, 這下子 tchó-hiá-dzeu, Cette fois-ci.

再 tsái, Alors (*suite actuelle ou conséquence; aussi futur*).

這就 tchó tsieóu, De suite, tout de suite; Aussitôt.

這纔 tchó ts'âi, Justement maintenant; Maintenant seulement.

立刻 lí k'ó, *ou* 立時刻 lí chê-k'ó, Immédiatement (*souvent suivi de* 就 tsieóu).

暫時 tchán chê, *ou* 暫且 tchán ts'iè, Temporairement, momentanément.

一時 yí chê, Pour un temps; Alors; Quelquefois; A un moment donné.

III. Futur:

後來 heóu-lâi, 然後 jân-heóu, 底下 tì-hiá, 下頭 hiá-t'eóu, Ensuite; Après.

將來 tsiāng-lâi, A l'avenir, désormais, plus tard.

快 k'ouái, 慢慢的 man-mán-ti, Bientôt.

一會兒 yí hw'eúl, Dans un moment; A l'instant.

回頭 hoûei-t'eóu, Après.

下回 hiá-hoûei, *ou* 下次 hiá-ts'éu, La prochaine fois, la fois suivante.

隨後 soûei-heóu, Ensuite, par la suite.

等底下 tèng-tì-hiá, Ensuite, par la suite.

待會兒 tái hw'eúl, *ou* 候會兒 heóu (*vlg*t. hoúo) hw'eúl, Tout à l'heure, Dans un moment.

不多一會兒 poú-touǒ yí hw'eúl, Dans un petit moment; Un moment après.

趕回頭 kàn hoûei-t'eóu, Et ensuite.

臨時 lîn-chê, Le moment venu; Provisoirement.

THÈME 25.

Je pense que le courrier pourra arriver ici demain, a peu près à deux heures et demie. — Il sera absolument nécessaire de le presser de s'en retourner après-demain matin. — J'ai fait visite à monsieur Wâng jeudi dernier, dans l'après-midi. — Il est (*traduisez*: il y a) maintenant sept heures vingt-cinq (minutes). — Nous mangerons bientôt : fais-les venir tous trois immédiatement. — Vous êtes-vous bien porté, ces temps derniers ? — Ces deux jours-ci, j'étais très bien et je suis sorti, hier, faire une promenade. — Précédemment, vous ne pouviez plus marcher et vous mangiez très peu. — Dans cinq ou six minutes, il faudra encore que je boive un verre (*traduisez*: une tasse) d'eau. — Je me lève, tous les jours, à l'heure **mào** et je vais dormir à l'heure **hái**. — Vous avez déjà attendu un quart d'heure ; attendez encore (la durée de) dix minutes. — Je demeure momentanément (à) ici ; ensuite, je déménagerai et j'irai dans une localité très éloignée. — Pendant ces quinze dernières années, je n'ai pas écrit une *seule* lettre à mon neveu. — Dans l'antiquité, il n'y avait pas cette coutume ; ce n'est que récemment qu'*on* l'a eue. — Jusqu'ici, nous n'avions pas entendu dire cela.

VERSION 25.

現在有五下二刻鐘沒有。還沒打二刻鐘的工夫。要作那個總得兩個時辰、合四點鐘的工夫。禮拜三天亮的時候在外頭出城的時候必要趕上早起的火車。夫不大、過不了一個星期、可瞻禮幾纔能回來呢。還是前不定本來是很願意早回家。那、可九年、已經來過一次。我不知道他底根兒不認得、剛見面就又他哪、是誰、待了一會兒沒想會起他、並不錯。我倒一時沒想到他的信、致於忘了。近來沒遇到他的回頭怎麼樣、可難說。接臨時再看。

LEÇON XXVI.

Désignations occasionnelles des sexes. Noms propres.

Les genres masculin et féminin ne sont exprimés en chinois que lorsque l'on veut préciser le sexe, parmi les hommes ou les animaux. On fait précéder alors le nom générique de l'un des adjectifs suivants: pour les hommes, 男 nân, Masculin, ou 女 niù, Féminin; pour les animaux, 公 kōng, Mâle, ou 母 moù, Femelle. Ex.:

男人 nân jên, Homme, et 女人 niù jên, Femme.

男孩子 nân hâi-dzeu, Garçon, et 女孩兒 niù h'eûl, Fille.

公雞 kōng kī, Coq, et 母雞 moù kī, Poule.

公猪 kōng tchōu, Porc mâle, et 母猪 moù tchōu, Truie.

母鹿 moù loú, Biche.

母鴨子 moù yā-dzeu, Cane.

Pour les oiseaux, les qualifications de 雄 hiông, Mâle, et de 雌 ts'eû, Femelle, sont aussi usitées.

Remarque. Il existe encore certaines désignations individuelles, telles que:

官客 kouān k'ó, Visiteur, Invité, et 堂客 t'âng k'ó, Visiteuse, Invitée, Dame.

兒馬子 eûl, mà dzeu, Etalon, et 騍馬 k'oúo mà, Jument.

牙狗 yâ keòu, Chien mâle, et 母狗 moù keòu, Chienne.

草雞 ts'ào kī, Poule.   騲驢 ts'ào lû, Anesse.

NOMS PROPRES DE PERSONNES.

Les principaux noms des Chinois sont:

1°. Le 姓 síng, ou Nom de famille. Ex.. 王 Wâng, 張 Tchāng, 李 Lì, 劉 Lieôu, 吳 Woû, 周 Tcheōu, 楊 Yâng, 陳 Tch'ên, 胡 Hoû, 沈 Chèn, 馬 Mà, 黃 Houâng, 高 Kāo,

唐 T'âng, 陸 Loú, 羅 Louô, 郭 Kouō, 于 Yû, 許 Hiù, 趙 Tcháo, 宋 Sóng, 徐 Siû, 孫 Souēn, 魏 Wéi, 朱 Tchōu, etc. Un certain nombre de ces noms patronymiques sont composés de deux syllabes et de deux caractères; on les appelle alors 複姓 fóu síng ou 雙姓 chouāng síng, c'est-à-dire „noms de famille doubles." Ex.: 司馬 Ssēu-mà, 歐陽 Ngeoū-yâng, etc.

1ère *Remarque*. Le mot 姓 síng s'emploie verbalement: Avoir pour nom de famille. On dit donc 我姓梁 wò síng Leâng, Je m'appelle, de mon nom de famille, Leâng, et non 我的姓是梁 wò-ti síng chê Leâng.

2ème *Remarque*. Le nom de famille est souvent suivi, surtout dans l'usage populaire, soit du mot 大 tá „le grand" servant à désigner le frère aîné, soit de numéros d'ordre, distinguant entre eux les cadets. Ex.: 陳大 Tch'ên tá, „Tch'ên l'aîné", 張三 Tchāng sān, „Tchāng le troisième", 李四 Lì sséu, „Lì le quatrième".

2°. Le 名 mîng ou 名字 mîng-dzéu, qui correspond à notre prénom, personnel à chaque membre d'une famille pour le distinguer de ses frères ou sœurs. Chez les Chinois, ce *nom personnel* suit toujours le nom de famille. Il est choisi par le père ou quelque autre parent, au moment où l'enfant, vers l'âge de six ou sept ans, commence à étudier. On l'appelle aussi 官名 kouān-mîng, Nom officiel, ou 學名 hiuê-mîng, Nom d'études.

Ce nom n'est formé souvent que d'un seul caractère, mais il n'est pas pris au hasard. Il doit avoir un élément commun avec ceux des personnes qui appartiennent au même degré de descendance, frères ou cousins. Si chacun de ces *noms personnels* ne contient qu'un caractère, l'élément commun sera la clef de celui-ci; ex.: 軾 Ché et 轍 Tch'ó, noms personnels de deux frères, Sōu Ché et Sōu Tch'ó, hommes d'Etat et littérateurs célèbres des XIe et XIIe siècles de notre ère, dont le nom de famille était 蘇 Soū. Si deux caractères composent le nom personnel, le premier ou le second d'entre eux sera généralement commun à tous les membres de la famille appartenant à la même

26ᵉ Leçon.

génération; ex.: 張之萬 Tchāng Tchē-wán et 張之洞 Tchāng Tchē-tóng, deux frères, personnages politiques de l'époque mantchoue.

Les caractères communs sont empruntés à un texte, à une phrase familiale adoptée par un ancêtre, qui pourra, par exemple, commencer par ces mots: 德乃人之寶 tô nài jên tchē pào, „La vertu est le joyau des hommes". Cinq générations auront successivement, dans leurs noms, ces cinq caractères. Cette méthode permet aux Chinois de reconnaître s'ils ont même souche, par la récitation de ce texte uniforme.

Les ascendants ou les supérieurs d'une personne sont, d'après les règles de la politesse chinoise, les seuls à faire usage du nom personnel, ou kouān-mîng, de celle-ci, au moins en sa présence. Le titulaire, d'autre part, l'emploie par humilité, notamment sur ses cartes de visite; celles-ci sont, en conséquence, appelées 名片 mîng-p'ién, ou „cartes *portant* le nom personnel".

3°. Le 號 háo, ou Surnom, sorte de titre ou de nom honorifique que prend le jeune homme, surtout s'il est lettré, ou qu'il reçoit d'un ami et par lequel il est poli de le désigner. Ex.: 香濤 Hiāng-t'aō, „Les flots parfumés", 少荃 Cháo-ts'iuân, „Jeune plante odoriférante".

Outre les trois noms ci-dessus, il y a encore:

4°. Le 乳名 jòu-mîng ou 妳名 nài-mîng, Nom de lait, ou 小名 siào-mîng, Petit nom, donné à l'enfant au moment de sa naissance et dont généralement la mère est, plus tard, seule à se servir. Ex.: pour des garçons: 鐵兒 T'iè-eul, „Petit fer", 石頭 Chê-t'eou, „Caillou"; pour les filles: 巧姐兒 K'iào-tsiè-eul, „Experte petite sœur aînée", 妞兒 Nieôu-eul, „Fillette".

5°. Le 字 tséu ou 正號 tchéng-háo, Surnom principal, nom d'étudiant donné par le professeur à l'élève. Ex.: 晴帆 Ts'îng-fān, „Voile dans un ciel serein".

6°. Les 別號 piê-háo ou Surnoms particuliers, pseudonymes, que les Chinois peuvent, dans certaines circonstances, prendre puis abandonner. Ex.: 東坡 Tōng-p'ō, „Le versant oriental de „la colline".

7°. Les 外號 wái-háo, ou Surnoms indépendants, qui correspondent aussi à nos pseudonymes, noms de plume, etc. Ex.: 柳下居士 Lieoù hiá kiū ché, „Le lettré qui vit dans la retraite sous les saules"

8°. Le 混名 houén-mîng, ou Sobriquet, très répandu en Chine et parfois appelé 綽號 tch'oúo-háo, ou „titre large". Ex.: 笑面虎 Siào-mién-hoù, „Le tigre au visage souriant", 小徐 Siào Siû, „le Petit Siû", 李麻子 Lì mâ-dzeu, „Li le grêlé".

9°. Le 聖名 chéng-mîng ou „Nom de saint", donné aux chrétiens lors du baptême. Il consiste dans la transcription chinoise d'un nom latin: 伯德祿 Pô-tô-lóu, Pierre, 若望 Jó-wáng, Jean, 若翰 Jó-hán, Jean-Baptiste.

Il existe aussi pour les empereurs des noms ou titres (廟號 miáo-háo, „Titre dans le Temple des ancêtres" et 尊謚 tsouēn-ché, „Nom posthume élogieux"), qui sont devenus leurs appellations historiques. C'est ainsi que l'empereur de Chine communément appelé l'Empereur Kouāng-siú, du nom de ses années de règne, a reçu, après son décès, le double titre de 德宗景皇帝 Tô-tsōng Kìng-houâng-tí, „Vertueux ancêtre „et Empereur illustre".

Les souverains ont décerné aussi, par décrets spéciaux, des titres posthumes à leurs sujets les plus méritants. Ces titres sont appelés 謚號 ché-háo et les caractères qui les composent étaient définis selon une méthode spéciale ou nomenclature, 謚法 ché-fâ, à laquelle étaient aussi empruntés les titres historiques des empereurs. Le vice-roi Lì Hông-tchāng a, de la sorte, reçu le titre posthume de 李文忠公 Lì Wên-tchōng kōng, „l'Hono-„rable accompli et fidèle Lì".

Les femmes mariées sont désignées sous le nom de famille de leur mari, suivi du leur et du mot 氏 ché, Famille. Ex.: 李王氏 Lì Wâng ché (litt.: Des familles Lì et Wâng), correspondant à Madame Lì née Wâng; désignation plus complète: 李門王氏 Lì mên Wâng ché.

Remarque. Il importe, en transcription française, de distinguer par des lettres majuscules initiales les différents noms des Chinois et de n'employer de traits d'union qu'entre les syllabes d'un même nom : Lì Hông-tchāng (李鴻章), l'historien Ssēu-mà Ts'iēn (司馬遷), le poète Toú Foù (杜甫), etc.

Les noms des Tartares et des étrangers ne sont, dans la plupart des cas, que des transcriptions phonétiques et les syllabes chinoises qui les représentent doivent être liées par des traits d'union. Ex. : 拿破倫 Nâ-p'ó-louên, Napoléon, 僧格林沁 Sēng-kô-lîn-ts'ín (prince mongol), 那桐 Ná-t'ông.

Les Tartares sont connus, en chinois, sous leur nom personnel (名), à l'exclusion de leur nom de famille ou de clan. La même coutume s'appliquait aux Chinois de race incorporés aux Bannières (八旗 pā k'í) sous la désignation de 漢軍 Hán kiūn, Armée chinoise. L'usage veut cependant que l'on traite le premier caractère de ces noms personnels comme s'il était nom de famille et l'on a dit : 僧王 Sēng wâng, le prince Sēng, 那中堂 Ná tchōng-t'âng, le Grand secrétaire d'Etat Ná, ou 那大人 Ná tá-jên, Son Exc. Ná. Le premier caractère des noms européens transcrits est isolé de la même façon : 赫總稅務司 Hó tsòng-chouéi-wóu-ssēu, l'Inspecteur général des douanes maritimes Sir Robert Hart (nom entier : 赫德 Hó-tô).

Les missionnaires catholiques reçoivent des noms de structure chinoise, dont la première syllabe est souvent seule à rappeler leur nom étranger, comme 樊國樑 Fân Kouô-leâng, Mgr. Alphonse Favier, 夏之時 Hiá Tchē-chê, le Père L. Richard, ou qui paraissent entièrement indépendants.

Noms géographiques.

Le noms géographiques chinois sont suivis de leur désignation générique. On dit donc :

越南國 Yúe-nân kouô, Le pays *ou* L'empire d'Annam.
廣東省 Kouàng-tōng chèng, La province du Kouàng-tōng (Canton).

上海縣 Cháng-hài hién, La sous-préfecture de Cháng-hài.
泰山 T'ái-chān, Le mont T'ái-chān (dans le Chān-tōng).
揚子江 Yâng-tsèu kiāng, Le Yang-tseu ou Fleuve bleu.
白河 Pâi-hô *ou* 北河 Pèi-hô, Le fleuve Pei-ho.
洞庭湖 Tóng-t'īng hôu, Le lac Tong-t'ing.

Avant que les préfectures eussent été supprimées en Chine (1912), on en comptait trois catégories, dont voici des exemples:

江寧府 Kiāng-nîng foù, La préfecture de 1ère classe de Kiāng-nîng (Nankin).

思茅廳 Ssēu-mâo t'īng, La préfecture secondaire de Ssēu-mâo (au Yûn-nân).

通州 T'ōng-tcheōu, La préfecture de 2de classe de T'ōng-tcheōu.

Quant aux noms géographiques étrangers, ils sont rendus en chinois:

1°. tantôt par voie de *traduction*; ex.: 地中海 Tí-tchōng hài, La Mer méditerranée; 好望角 Haò-wáng kiuĕ, Le Cap de bonne espérance; 太平洋 T'ái-p'îng yâng, L'Océan pacifique; 紅海 Hông hài, La Mer rouge.

2°. tantôt par voie de *transcription*; ex.: 法蘭西國 Fá-lân-sī kouô, la France, abrégée en 法國 Fá kouô; 馬賽 Mà-sái, Marseille; 塞那河 Sāi-ná hô, la Seine; 雪黎 Siuĕ-lî, Sydney; 蘇彝士河 Sōu-yî-ché hô, Le Canal de Suez.

3°. tantôt, enfin, d'une façon descriptive spéciale; ex.: 舊金山 Kieóu kīn chān, „Les anciennes montagnes d'or", c'est-à-dire la Californie; 新金山 Sīn kīn chān, „Les nouvelles „montagnes d'or", c'est-à-dire l'Australie; 大西洋國 Tá sī yâng kouô, „Le pays du Grand océan occidental" (ou Atlantique), c'est-à-dire le Portugal; 東洋 Tōng yâng, „L'océan oriental", le Japon.

Raisons commerciales ou sociales.

Toute maison de commerce, société ou entreprise industrielle a, en Chine, un nom ou titre particulier, 字號 tséu-háo, qui correspond à nos raisons commerciales ou sociales. Ex. :

聚古齋 Tsiú kòu tchāi, Le Cabinet des antiquités réunies (magasin d'antiquités, de bibelots);

德順木廠 Tô-choúen móu-tch'àng, Le Chantier de bois de la docilité vertueuse (entreprise de construction, de charpente).

Ces titres d'établissements commerciaux sont précédés parfois du nom de famille de leur chef. Ex. :

焦松茂磬坊 Tsiāo Sōng-máo lông-fāng, le Moulin de Tsiāo, au Pin verdoyant (emblême de fermeté).

Les maisons de commerce étrangères établies en Chine sont désignées comme 洋行 yâng-hâng, „factoreries d'outre-mer", et portent chacune un nom de *hong* (prononciation cantonaise de 行 hâng, Factorerie, Corporation, Etablissement de grand commerce). Ex. :

華法洋行 Houâ-Fá yâng-hâng, le Syndicat sino-français d'ingénieurs (*litt.:* „Chine et France");

太古洋行 T'ái-kòu yâng-hâng, Butterfield and Swire (*litt.:* „La plus haute antiquité").

Les banques étrangères sont qualifiées de 銀行 yîn-hâng et les grandes banques chinoises de création récente ont pris la même désignation ; les autres sont des 銀號 yîn-háo. Ex. :

東方匯理銀行 Tōng-fāng Houéi-lì yîn-hâng, la Banque de l'Indochine;

中法實業銀行 Tchōng-Fá Chê-yé yîn-hâng, la Banque industrielle de Chine;

交通銀行 Kiāo-t'ōng yîn-hâng, la Banque (chinoise) des communications.

Thème 26.

Je suis allé hier, à trois heures et demie, faire visite à M. Woû, de Chang-hai. — Je l'ai invité à venir demain avec le petit Sóng et avec Tch'ên „le troisième". — Monté sur une grande jument, il est parti seul, l'an dernier, pour aller à Canton. — Tous les lettrés aiment Tchāng Tchē-tóng, *dont le* surnom *était* Flots parfumés, mort il y a quelques années. — Lì Hông-tchāng était aussi un homme de Chine qui avait une grande renommée *et dont le* surnom *était* Cháo-ts'iuân. — Les traités qu'il a conclus avec les pays étrangers sont très nombreux et les gens, lui donnant un sobriquet, l'appelaient le Portier de la Chine. — Mes deux filles aiment beaucoup les jolis paysages; aussi vais-je aller avec elles au mont T'ái-chān. — Cette montagne est très haute et, quand on est arrivé au sommet, on peut apercevoir les eaux de la mer. — Le lac Tóng-t'īng est très vaste, mais ses eaux ne sont pas très profondes, d'après ce qu'on dit. — L'Océan pacifique est deux fois plus large que l'Océan atlantique. — Les Chinois de Californie sont très nombreux; j'en ai vu aussi bien des milliers à Sydney. — Napoléon 1er a dit qu'il fallait l'enterrer sur les bords de la Seine.

VERSION 26.

他姓羅、名字叫萬德。外邊兒的人又給他起個混名叫做羅大瘋子。楊二給賣的那兩個鴿子都是雌的。東廣州府可不是廣東省城麼。姓蘇、名叫軾、字子瞻、在黃州東坡居地、所以又號個東坡。方造了一所房子、另外給他箇諡號、大士、死了之後、皇帝郭掌櫃的挨胡叫作蘇文忠公。我是萬一再往中國去、就不告了。走地中海紅海那一路、要坐火車又快又方過半個月可以到北京城、又便。你帶着名片、跟我一塊兒去罷。

LEÇON XXVII.
Langage de la civilité.

Sont à considérer, dans le langage poli ou 禮貌話 lǐ-máo-houá: 1°. certaines désignations que l'on applique aux autres personnes ou à ce qui leur appartient, pour leur faire honneur, au lieu d'employer les pronoms personnels ou adjectifs possessifs Tu, Vous, Il, Elle, Ton, Votre, etc.; — 2°. d'autres termes par lesquels, modestement, on se désigne soi-même ou on indique ce qui nous concerne ou nous appartient, au lieu d'employer les pronoms ou adjectifs Je, Nous, Mon, etc.; — 3°. des locutions ou phrases inspirées par les mêmes sentiments de politesse.

I. — On s'adresse cérémonieusement aux autres en se servant d'appellations, ou 稱呼 tch'ēng-hōu, qui se construisent à la troisième personne, sans toutefois leur substituer, à l'occasion, comme nous pourrions le faire en français, le pronom Il, Elle, 他 t'ā. On dit, ou on disait naguère:

王爺 wâng-yê, Votre Altesse, aux princes,

公爺 kōng-yê, aux ducs,

侯爺 hêou-yê, aux marquis,

中堂 tchōng-t'âng, aux Grands secrétaires d'Etat,

大人 tá-jên, Votre Excellence, Monsieur, aux hauts fonctionnaires,

大老爺 tá-lào-yê, *ou* 老爺 lào-yê, Monsieur, aux fonctionnaires inférieurs,

老父臺 lào-foú-t'âi, Votre paternité (dit pàr un plaignant ou un accusé au juge),

公 kōng, Seigneur, Monsieur (dit d'un chef ou à un collègue),

老先生 lào-siēn-chēng, Vénérable maître (dit à un lettré très respecté),

老夫子 lào-foū-dzeu, Vénérable maître (dit à un professeur),

先生 siēn-chēng, Monsieur,

閣下 kô-hiá, Monsieur, à un ami ou collègue,

老哥 lào-kō, Mon vénérable aîné, à un ami plus âgé que soi,

吾兄 wôu-hiōng, ou 兄台 hiōng-t'âi, Vous mon aîné, à un ami,

老太太 lào-t'ái-t'ai, Vénérable dame, aux dames âgées,

太太 t'ái-t'ai, ou 奶奶 nài-nai, aux dames,

姑娘 kōu-niâng, ou 小姐 siào-tsiè, aux demoiselles,

掌櫃的 tchàng-kouéi-ti, aux commerçants, patrons (ou à leurs employés, par courtoisie),

夥計 houò-kí, aux commis ou ouvriers,

大師傅 tá chē-foú, Grand maître, à un cuisinier.

Des appellations de cette nature peuvent se mettre en apposition avec un pronom :

您老人家 nîn lào-jên-kiā, Vous honoré monsieur,

你們眾位 nì-mēn tchóng wéi, Vous, messieurs.

S'adressant à plusieurs personnes ou parlant d'elles, on dira :

眾位先生 tchóng wéi siēn-chēng, Vous, messieurs, ou Ces messieurs,

諸位總長 tchōu wéi tsòng-tchàng, Vous, messieurs les ministres (secrétaires d'Etat);

列位省長 lié wéi chèng-tchàng, Messieurs les gouverneurs civils de provinces.

諸位你看 tchōu wéi nì k'án, Regardez, messieurs.

Avec un titre officiel, on emploie la qualification 貴 kouéi, Précieux, Noble, comme nous emploierions le mot Honorable :

貴中將 kouéi tchōng-tsiáng, l'Honorable général de division.

貴督辦 kouéi tōu-pán, l'Honorable directeur général.

貴縣 kouéi hién, l'Honorable sous-préfet ou Vous, monsieur le sous-préfet,

貴公使 kouéi kōng-ché, Vous, monsieur le ministre (diplomate),

貴大臣 kouéi tá-tch'ên, Vous, monsieur le ministre, ou Votre Excellence (dit à un ministre étranger ou à un ministre chinois du temps de l'empire),

貴領事 kouéi lìng-ché, Vous, monsieur le consul.

27ᵉ Leçon.

Le nom de famille précède toujours les équivalents chinois de notre mot Monsieur (李先生 Lì siēn-chēng, Monsieur Lì), pour lesquels on se sert aussi, dans les relations populaires, du terme simple 爺 yê, Père :

張爺 Tchāng yê, Monsieur Tchāng,

張三爺 Tchāng sān yê, Monsieur Tchāng le troisième (frère).

Les campagnards disent 老 lào, Vieux, Vénérable, avant le nom de famille, pour Monsieur : 老吳 lào Woû, Monsieur Woû.

L'équivalent chinois de Votre Majesté ou de Sa Majesté (l'Empereur) est (大皇帝) 陛下 (Tá houâng-tí) pí-hiá, c'est-à-dire : (l'Empereur) *qui nous voit* au bas des degrés de *son* trône.

L'Empereur appelait ses ministres : 卿 k'īng *ou* 卿家 k'īng-kīa, Vous, mon ministre.

— Les adjectifs marquant la considération que l'on substitue aux possessifs sont : 令 líng, Qui commande, 貴 koúei, Précieux, Noble, Honorable, 尊 tsoūen, Respectable, 高 kāo, Haut, 大 tá, Grand, 寶 pào, Précieux, 台 t'âi, Eminent, 鈞 kiūn, De grand poids. Ex. :

令尊 líng tsoūen, *ou* 令尊大人 líng tsoūen tá-jên, Monsieur votre père,

令堂 líng t'âng, *ou* 令堂太太 líng t'âng t'ái-t'ai, Madame votre mère,

令兄 líng hiōng, Monsieur votre frère aîné,

令弟 líng tí, Monsieur votre frère cadet,

令郎 líng lâng, Monsieur votre fils,

令親 líng ts'īn, Monsieur votre parent.

貴國 koúei kouô, l'Honorable pays, votre pays,

貴省 koúei chèng, l'Honorable province, votre province,

貴庚 koúei kēng, Votre âge,

貴姓 koúei síng, Votre nom de famille,

貴千金 koúei ts'iēn-kīn, Votre fille,

貴昆仲 koúei k'ouēn-tchóng, Messieurs vos frères,
貴幹 koúei kán, Votre profession, vos occupations.

尊處 tsouēn tch'oú, la Respectable résidence, votre établissement, de votre côté, chez vous, vous,
尊見 tsouēn kién, la Respectable vue, votre opinion,
尊意 tsouēn yí, Votre pensée,
尊電 tsouēn tién, Votre télégramme,
尊名 tsouēn mîng, Votre nom.

高壽 kāo cheóu, la Haute vieillesse, votre âge (après soixante ans),
高筆 kāo pì, l'Éminent pinceau, vos écrits,
高見 kāo kién, la Vue élevée, votre manière de voir.

大部 tá poú, le Grand ministère, votre ministère,
大姓 tá síng, Votre nom de famille,
大稿 tá kào, Votre rédaction,
大駕 tá kiá, le Grand cortège, votre personne.

寶眷 pào kiuán, la Précieuse famille, votre famille,
寶號 pào háo, la Précieuse enseigne, votre maison de commerce,
寶刹 pào tch'á, Votre temple (dit à un prêtre bouddhiste).

台甫 t'âi foù, l'Éminent surnom, votre surnom (號 háo),
台端 t'âi touān, l'Éminente rectitude, vous, votre personne.

鈞安 kiūn ngān, la Santé de grand poids, votre santé,
鈞裁 kiūn ts'âi, Votre décision.

II. — Les expressions par lesquelles on se désigne soi-même, 自稱之詞 tséu tch'ēng tchē ts'êu, sont des termes d'humilité ou des qualifications officielles. Ex. :

小的 siào-ti, le petit (employé par les domestiques ou les accusés),
兄弟 hiōng-tí, moi, votre frère cadet (dit à un ami),
小弟 siào-tí, votre petit frère cadet (dit à un ami),

27e Leçon.

晚 wàn, *ou* 晚生 wàn-chēng, moi, né plus tard,
鄙人 pì-jên, moi, homme à dédaigner.

On a dit, sous l'empire:

臣 tch'ên, Votre sujet *ou* ministre (parlant à l'Empereur).

Les qualifications officielles sont surtout formées à l'aide de 本 pèn, Foncier, Propre, Même; ex.:

本部 pèn poú, notre ministère.
本總理 pèn tsòng-lì, moi, administrateur général, ou premier ministre,
本總領事 pèn tsòng-lìng-chè, moi, consul général,
本縣 pèn hién, moi, sous-préfet.

Un taotai, s'adressant à son supérieur, se désignait par l'expression 職道 tchê-táo, „*Moi*, taotai en fonctions"; un autre subalterne, dans les mêmes circonstances, se servait du terme 卑職 pēi tchê, „*Moi*, humble fonctionnaire".

— Les qualifications usitées comme substituts des adjectifs possessifs de la première personne sont: 敝 pí, Détérioré, 賤 tsién, Sans valeur, 小 siào, Petit, 鄙 pì, Rustique, 家 kiā, De la maison, 舍 chó, De la demeure. Ex.:

敝國 pí kouô, mon pays,
敝處 pí tch'oú, ma modeste résidence, moi, ici.
賤姓 tsién síng, mon nom de famille,
賤名 tsién mîng, mon nom personnel.
小字 siào dzéu, mon surnom,
小子 siào dzeù, mon fils.
鄙意 pì yí, ma rustique pensée, ma pensée.
家父 kiā foú, mon père,
家母 kiā moù, ma mère,
家兄 kiā hiōng, mon frère aîné.
舍弟 chó tí, mon frère cadet,
舍親 chó ts'īn, mon parent.

Le mot 先 siēn, Antérieur, est employé pour désigner des ascendants décédés: 先父 siēn foú, mon feu père; 先母 siēn moù, ma feue mère.

III. — Le dialogue comporte un échange varié de paroles de courtoisie, 應酬的話 yíng-tch'eòu ti houá (*litt.*: par lesquelles on répond pour rendre une politesse reçue). Ex.:

久仰 kieòu yàng, Depuis longtemps mes regards sont élevés vers vous (= J'aspire depuis longtemps à l'honneur de vous connaître).

久違 kieòu wêi, Depuis longtemps je ne vous ai pas vu.

彼此、彼此 pì-ts'eù, pì-ts'eù, Cela est réciproque.

不敢 poú kàn, Je n'oserais!

不敢當 poú kàn tāng, Je n'oserais supporter!

豈敢 k'î kàn, Comment oserais-je?

對不起 toúei poú k'ì, Pardon! (*par ex.*, si on a heurté, marché sur le pied, etc.).

照呼 tcháo hoū, Faites attention! (parce que quelqu'un vous parle, etc.).

領教 lìng kiāo, Je reçois vos instructions.

沒領教 mêi lìng kiāo, Je n'ai pas reçu vos instructions (= Vous ne m'avez pas fait connaître votre nom).

請教 ts'ìng kiāo, Je vous prie de m'instruire.

請問 ts'ìng wén, En vous priant, je vous demanderai.....

承問 tch'êng wén, *Puisque* vous me faites l'honneur de m'interroger,...

好說 hào chouŏ, Aimable parler! Merci!

謝謝 sié sié, Merci, merci.

多謝 touŏ sié, *ou* 多謝了 touŏ sié lo, Merci beaucoup!

請 ts'ìng, *ou* 請了 ts'ìng lo, Je vous en prie.

請請 ts'ìng ts'ìng, Je vous en prie, je vous en prie.

託福 t'oūo foû, Je vous dois ce bonheur (= C'est grâce à vous).

多禮得很 touŏ lì tê hèn, Vous êtes trop poli (*ou* aimable)!

27ᵉ Leçon.

費心 féi sīn, Vous avez dépensé votre esprit pour moi (= Merci pour la peine que vous avez prise).

磕頭 k'ŏ t'eôu, Je prosterne ma tête devant vous (= Merci).

恭喜 kōng-hì, Je vous félicite.

新禧 sīn hĭ, Bonne année!

少陪 chào p'êi, *ou* 失陪 chē p'êi, Excusez-moi de vous quitter (= Pardon, un instant!).

失迎 chē yîng, J'ai manqué à mon devoir en ne me portant pas à votre rencontre (étant absent, lorsque vous êtes venu).

一路平安 yī loú p'îng-ngān, *ou* 一路福星 yī loú foû sīng, *ou* 一路順風 yī loú choúen fōng, Bon voyage!

留步 lieôu poú, Retenez vos pas (= Veuillez ne pas me reconduire plus loin).

不送 poú sóng, Je ne vous reconduis pas, *veuillez m'en excuser*.

再見 tsái kién, *ou* 再會 tsái hoúei, Au revoir!

改天見 kài t'iēn kién, A un autre jour!

明天見 mîng t'iēn kién, A demain!

府上在那兒 foù-cháng tsái nà-eul, Où est votre palais (= demeure)?

舍下在西城 chó-hiá tsái sī tch'êng, Ma demeure est dans l'ouest de la ville (*litt.*: la ville de l'ouest).

Le mot 奉 fóng, Présenter *ou* Recevoir des deux mains (respectueusement), sert d'équivalent à notre Avoir l'honneur de, dans un certain nombre de composés verbaux, tels que:

奉送 fóng-sóng, Avoir l'honneur d'offrir,

奉還 fóng-houân, Avoir l'honneur de rendre,

奉陪 fóng-p'êi, Avoir l'honneur d'accompagner,

奉請 fóng-ts'ìng, Avoir l'honneur d'inviter,

奉賀 fóng hó, Avoir l'honneur de féliciter,

奉托 fóng t'ŏ, Avoir l'honneur de confier, de charger de.

On emploie indépendamment 蒙 mông *ou* 承 tch'êng pour Recevoir *une faveur*, Avoir l'honneur de recevoir ou d'être l'objet de, ou pour notre Vous avez bien voulu:

蒙您費心 mông (*ou* 承 tch'êng) nîn féi sīn, Vous avez bien voulu vous donner la peine de.....

就蒙釋放 tsieóu mông ché-fáng, Il reçut alors la faveur d'être relaxé.

Thème 27.

J'ai invité aujourd'hui le ministre Tch'ên à venir chez moi. — Monsieur, y aura-t-il d'autres invités? — Oui et, lorsque ces messieurs seront venus, je leur dirai quelques phrases de politesse. — En parlant à chacun, il faut toujours employer l'appellation qui lui est propre (*traduisez:* de chacun). — Dis au maître-cuisinier qu'il devra revenir de bonne heure pour préparer la nourriture. — Le général de division Siû est arrivé à cheval, à l'instant. — A quelle distance votre honorable pays est-il d'ici? — Pour arriver de mon modeste pays en Chine, il y a à peu près trente mille LI *de* terrain. — Monsieur votre frère cadet n'est-il pas venu à Pékin par la voie ferrée? — Non, mon frère cadet est arrivé à Cháng-hài par bateau à vapeur. — Vous, mon ami, quand avez-vous quitté Monsieur votre père? — Depuis que j'ai quitté mon père, il y a douze ans maintenant. — Les gens de votre honorable résidence ont beaucoup de politesse et traitent très bien les étrangers. — Merci! je ne puis supporter! les gens de ma résidence sont très grossiers et ne comprennent rien aux affaires du dehors. — Vraiment, vous êtes trop poli! — Excusez-moi de vous quitter. — J'irai certainement demain chez vous pour *y* recevoir vos instructions. — Comment oserais-je? — Veuillez rester. — Je vous en prie. — Je vous en prie; je vous en prie.

LEÇON XXVIII.

Langue écrite.

La langue écrite chinoise n'a pas de grammaire, dans ce sens que la morphologie de celle-ci ne comprend que l'étude de mots invariables, qui se confond avec celle de l'écriture, à quoi se réduit l'orthographe. Il n'existe aucune règle d'accord des mots entre eux. La syntaxe est commune à la langue écrite et à la langue parlée (sauf quelques particularités que l'on trouvera plus loin), mais les mots auxiliaires du style et du langage différent le plus souvent, quand ils ne disparaissent pas de la rédaction. C'est ainsi que 之 tchē est substitué à 的 tĭ, comme marque du génitif, du possessif, de l'adjectif et du participe et que ce dernier caractère n'a plus, dans la langue écrite, que sa valeur de Cible, Clair, Certain.

Si, donc, nous parlons ici de grammaire de la langue écrite chinoise, ce sera par voie de comparaison avec la langue parlée et pour montrer comment les polysyllabes de celle-ci, que nous avons étudiée en premier lieu, sont détruits dans l'écriture et pour indiquer par quels caractères sont remplacés les mots, particules ou autres, qui servent d'adjuvants au langage ou qui en sont les éléments concrets les plus usuels. Nous suivrons, dans cet examen, l'ordre grammatical français, avec lequel l'étudiant est le mieux familiarisé.

SUBSTANTIFS.

Les suffixes 兒 eûl, 子 tsèu et 頭 t'eôu sont supprimés. Les désignations génériques 人 jên, 匠 tsiáng, 家 kiā, 樹 choú, 魚 yû, etc. ne sont employées que si le sens ou la cadence de la phrase l'exigent et les synonymes juxtaposés ne sont plus nécessaires. Le groupe 東西 tōng-sī, Chose, Objet, reprend sa valeur primitive de : Est et ouest, Oriental et occidental, et est remplacé par 物 woú, Etre, Objet, ou par 件 kién, Pièce, Objet. 們 mēn, marque du pluriel dans le langage, n'est pas usité et est occasionnellement remplacé par 等 tèng, Degré,

Classe, Catégorie, ou 輩 péi, Gens. Lorsque 等 tèng suit plusieurs noms, il n'a que la valeur d'une finale marquant le pluriel; suivant un seul mot, il doit être traduit par „et autres *de la même „catégorie*"; ex.: 軍民人等 kiūn mîn jên tèng, Les hommes de l'armée et du peuple, 庖丁等 p'âo-tīng tèng, Le *ou* Les cuisiniers et autres *hommes*.

Adjectifs.

Comme il a été dit plus haut, 的 tī n'est pas employé; on remplace cette particule du langage par 之 tchē, marque du possessif ou génitif, de la qualification, etc., dans le style écrit, mais seulement lorsque ce caractère est suivi du terme qualifié et il ne peut terminer, comme tī, un membre de phrase sans changer de valeur. Son substitut est alors 者 tchò, Ce qui, Ceux qui, Le, Les.

En cas de juxtaposition d'adjectifs, chaque mot garde son sens; ex.: 利害 lí hái signifie Avantageux ou nuisible, et non plus seulement Terrible.

Le vulgaire 好 hào, Bon, Beau, est généralement remplacé, en écrivant, par les termes plus littéraires 善 chán, ou 佳 kiā.

Le comparatif se construit avec les mots 比 pì, Comparer, ou 視 ché, Regarder. 還 hâi n'est pas employé et fait place à 較 kiáo, Comparativement à, 更 kéng, Plus, ou 尤 yeôu, Encore plus. On écrira: 羊視犬較大 yâng ché k'iuàn kiáo tá (Si on regarde le chien, le mouton est comparativement grand), alors que l'on dirait 羊比狗還大 yâng pì keòu hâi tá, Le mouton est plus grand que le chien. On forme aussi des comparatifs à l'aide de la préposition locative 於 ou 于 yû, À, Auprès de: 湖深於溝 hoû chēn yû keōu, Le lac est plus profond que le canal (*litt.:* est profond auprès du canal); 莫大於海 mó tá yû hài, Il n'y a pas plus grand que la mer.

Le superlatif suit les mots 極 kî, 至 tché, 最 tsoúei, 頗 p'ŏ, 甚 chén, qui tous signifient Extrêmement ou Très, tandis que 狠 (*ou* 很) hèn, n'est pas employé. Les locutions superlatives suivant un adjectif sont 之至 tchē tché, A atteindre l'extrême, 無已 woû yì, Sans fin, etc., tandis que 了不得 leào poú tô ne s'écrit pas.

28e Leçon.

Dans la numération, 零 lîng, Reste, Plus, remplace, comme dans le langage, un ordre d'unités manquantes. Les numérales sont supprimées ou se placent, avec le nom de nombre, à la suite du substantif: 筆四枝 pì sséu tchē, Quatre pinceaux, 肉一斤 jeóu yí kīn, Une livre de viande. Les adjectifs numéraux ordinaux continuent d'être marqués par 第 tí; ex.: 第一人 tí-yí jên, Le premier homme. Le nom de nombre a souvent aussi la valeur de l'adjectif numéral ordinal: 三弟 sān tí, Trois frères cadets *ou* Le troisième frère cadet.

Les adjectifs démonstratifs sont: 此 ts'eù, 是 ché, 斯 ssēu, Ce...-ci (remplaçant 這个 tchó-kó) et 彼 pì, Ce...-là (remplaçant 那个 ná-kó). On trouvera occasionnellement 此等 ts'eù-tèng pour Ces...-ci (*litt.*: De ce genre, *ou* Ce genre de...).

Les adjectifs interrogatifs sont: 何 hô, 孰 chôu, Quel? Quels?, pour 什麼 chê-mō, 甚麼 chén-mō, 那个 nà-kó, que l'on n'écrit jamais.

Les adjectifs indéfinis sont: 何 hô, Quel, 數 choú *ou* 幾 kì, Plusieurs, Quelques, 不拘何 poú kiū hô, N'importe quel..., etc.

PRONOMS.

Personnels: 我 wǒ a surtout le sens de Nous ou Notre. Je est 吾 wôu, 予 yû *ou* 余 yû. Tu est 爾 eùl, 汝 joù, *ou* 若 jó. Le caractère 他 t'ā *ou* t'ǒ garde, dans le style écrit, sa signification propre de Autre (ex.: 他國 t'ā *ou* t'ǒ kouǒ, Autre pays *et non* Son pays); les pronoms de la troisième personne sont: 其 k'î, 伊 yī, 彼 pì, 厥 kiuê, 渠 k'iû et, lorsqu'ils sont régimes d'un verbe, 之 tchē (ex.: 見之 kién tchē, Le voir). Les marques occasionnelles du pluriel sont, pour les pronoms: 等 tèng, 曹 ts'âo, 輩 péi; ex.: 我等 wǒ-tèng, Nous; 爾等 eùl-tèng, Vous; 若輩 jó-péi, Vous; 爾曹 eùl-ts'âo, Vous; 汝等 joù-tèng, Vous; 伊等 yī-tèng, Ils, Eux; 彼輩 pì-péi, Ils, Eux. On n'écrit pas 咱 tsâ, ni 喒 (*ou* 偺) tsân, pour Nous, non plus que 您 nîn pour Vous (singulier poli).

Possessifs: ils se confondent avec les pronoms personnels.

Démonstratifs: Mêmes caractères que les adjectifs démonstratifs.

Conjonctifs: Un pronom conjonctif, 者 tchò, Celui qui, Ceux qui, est spécial à la langue écrite; il se place après le verbe dont il est le sujet; ex.: 來者 lâi tchò, Celui qui vient *ou* Ceux qui viennent; 老者 lào tchò, Ceux qui sont vieux. Ce que *et* Où sont exprimés par 所 sò, comme dans le langage.

Interrogatifs: 何 hô, Quoi? 孰 choû *ou* 誰 chouêi, Qui?

Indéfinis: 人 jên, On; 或 houó, Quelqu'un (ex.: 或曰 houó yūe, Quelqu'un dit).

VERBES.

Le verbe Etre est exprimé par 乃 nài, 係 hī, 為 wêi, 即 tsî, 屬 choû, 係屬 hī-choû, ou par 是 ché, caractère qui a fréquemment aussi le sens de Ce qui est, de Vérité, ou de Ceci, Celui-ci, etc. 非 fēi est employé pour Ne pas être. 沒 móu (mêi) reprend, dans le style, son sens d'Etre immergé, de Disparaître, et Ne pas avoir est exprimé par 無 woû, ou 莫 mó, ou 不有 póu yeòu, qui n'est jamais employé dans le langage. 要 yáo signifie le plus ordinairement, dans la langue écrite, Important, Nécessaire; avec le sens de Vouloir, on lui substitue 欲 yú ou 願 yuán et, avec celui de Falloir, 宜 yî, 當 tāng, 應 yīng. Pour Aller, on écrit 往 wàng, 赴 foú, 詣 yí, tandis que 去 k'iú ne signifie plus guère que Etre distant de *ou* Eliminer. Au lieu du verbe causatif 叫 kiáo, on écrit 令 líng ou 使 chè, Faire que. En lisant, on prononce 給, Donner, non kèi, mais kì, et son synonyme 與 yù (ou 于 yû) est le plus souvent employé. 得 n'est jamais tèi (contraction orale de 得要 tô-yáo, Pouvoir-falloir), Il faut, mais seulement tô, Obtenir, Trouver, Avoir. 至 tché ou 至於 tché yû remplacent 到 táo, Arriver à. 食 chê, Manger, remplace 吃 tch'ê.

28e Leçon.

Dire n'est plus 說 choŭo, mais s'écrit: 云 yûn, 言 yên, 稱 tch'ēng, 謂 wéi, ou 曰 yūe.

Entendre s'écrit 聞 wên, au lieu de 聽 t'īng.

Le jeu compliqué et si expressif des verbes auxiliaires est rarement mis en œuvre; on écrit cependant 飭下 tch'é-hiá, Ordonner, ou 查出 tch'â-tch'oū, Découvrir, Constater, Trouver, 禀明 pìng-mîng, Faire un rapport clair à, *ou* sur. Le sens des verbes auxiliaires n'est, d'ailleurs, pas atténué comme dans le langage et 探得 t'ān-tô signifie Obtenir (*ou* Apprendre), en s'enquérant, que....

La tournure verbale 找一找 tchào yí tchào, Chercher *dans la mesure* d'une recherche, est réduite à 一找 yí tchào, Chercher une fois.

Le passé est indiqué par 已 yì, Fini, Déjà, 經 kīng, Passé *ou* Déjà par, 曾 ts'êng, Déjà, ou 既 kí, Fini, Déjà, Puisque. Le passé négatif n'emploie ni 沒 móu, mêi, ni 無 woŭ, mais 未 wéi, 未經 wéi-kīng, ou 未曾 wéi-ts'êng, qui répondent à Ne pas avoir (*passé*). On n'écrit 了 leào que dans son acception propre de Terminer (ex.: 了事 leào ché, Terminer une affaire) et jamais comme signe du passé des verbes. De même, le futur n'est pas marqué par 要 yáo, mais par 將 tsiāng, Etre sur le point de, ou par 當 tāng, Devoir (ou encore par 必 pî, lorsque le futur est accompagné d'une forte affirmation).

L'impératif n'emploie pas le terme final 罷 pá; les marques du prohibitif, au lieu de 別 piê, sont 勿 wóu ou 莫 mó, Ne pas!

PARTICIPES.

Le mot 者 tchò, Ce qui..., les indique parfois: 既往者 kí wàng tchò, Ceux qui sont passés, 來往者 lâi wàng tchò, Les allants et venants, 開者 k'āi tchò, Ouvert, Ce qui est ouvert. Le verbe 着 tchŏ, tchâo, tchouŏ perd sa fonction d'auxiliaire, dans le style écrit.

ADVERBES.

Des préférences individuelles d'emploi doivent être signalées; voici les plus importantes:

Adverbes de lieu: 此間 ts'èu kiēn, Ici; 彼 pì, Là; 內 néi ou 中 tchōng, Dedans.

Adverbes de temps: 卽 tsî, Aussitôt, Alors (au lieu de 就 tsieóu); 何時 hô-chê ou 幾時 kì-chê, Quand (au lieu de 多嗒 tŏ-tsân, etc.); 會 hoúei, Sur ces entrefaites, Peu après; 尋 siûn, Bientôt après; 去歲 k'iú-soūei ou 上年 cháng-niên, L'année dernière (pour 去年 k'iú-niên).

Adverbes de quantité: 多寡 tŏ-kouà est souvent substitué à 多少 tŏ-chào, Combien, et 過 kouó, ou 過於 kouó yû, à 太 t'ái, Trop.

Adverbes de manière: Tous ceux qui sont formés à l'aide de 然 jân sont usités en écrivant, mais 麽 mŏ et ses composés disparaissent uniformément (怎麽, 這麽, 那麽, etc.). 都 tōu, *ou* teŏu, qui traduit adverbialement nos mots Tout et Tous, est remplacé par 均 kiūn, 皆 kiāi, 俱 kiū ou 盡 tsín, Complètement, Entièrement. 快 k'ouái signifie surtout Contentement, tandis qu'on écrit 速 soú ou 迅 siún pour Vite.

L'adverbe 相 siāng, Mutuellement *et* A l'égard de, Vis-à-vis de, prend, dans cette seconde acception, en traduction et par élision, la valeur de nos pronoms personnels; ex.: 設宴相請 chŏ yén siāng ts'ìng, On prépare un festin pour l'inviter (*et non:* pour s'inviter mutuellement).

LEÇON XXIX.

Langue écrite *(Suite)*.

PRÉPOSITIONS ET POSTPOSITIONS.

將 tsiāng, Prendre, ou 以 yì, Employer, sont substitués à 把 pà, comme prépositions de l'accusatif. 以 yì est aussi très fréquent avec le sens de Moyennant, De, Par *ou* Avec (instrumental), A cause de, Considérant que. 至 tché, À (arriver à) est préféré à 到 táo. Quant à est exprimé par 至 tché ou 至於 tché yû, ou par 在 tsái, Pour ce qui est de.

Des postpositions sont souvent formées à l'aide de 之 tchē ou de 以 yì ; ex. : 之上 tchē cháng *ou* 以上 yì cháng, Sur, Au-dessus de ; 之下 tchē hiá *ou* 以下 yì hiá, Sous, Au-dessous de ; 之內 tchē néi, Dans, A l'intérieur de, Parmi ; 之中 tchē tchōng, Dans, Au milieu de, Parmi ; 之間 tchē kiēn, Entre, Parmi, D'entre, Dans l'intervalle de ; 之前 tchē ts'iên, Avant, Au-devant de, Antérieurement à ; 之後 tchē heóu, Après, Depuis, Derrière, Postérieurement à.

間 kiēn est employé pour Dans, Pendant, Parmi : 開元(年)間 K'āi-yuân (niên) kiēn, Pendant les années K'ai-yuân (de *713* à *741*).

CONJONCTIONS.

和 hô garde son sens propre de Concorde, Unir, et n'est jamais hán, Et, Avec. 也 yè est particule finale et n'a jamais le sens de Aussi, acception adverbiale confinée au langage.

Pourquoi s'écrit 為何 wéi hô, 何以 hô yì, 何故 hô koú ou simplement 何 hô. Quand, verbal (等 tèng, 趕 kàn, du langage), est 俟 sseú, Attendre, impliquant généralement le futur à sa suite. 即 tsí remplace encore 就 tsieóu, C'est-à-dire.

Si est exprimé par 如 joû, 若 jó, 倘 (*ou* 儻) t'àng, 苟 keòu, 或 hoúo, 果 kouò, 即 tsî, 設 chó, etc.

PARTICULES CHINOISES.

Les interjections et particules de la langue parlée ne sont généralement pas usitées dans le style écrit. Celles qui sont propres à ce dernier peuvent être réparties en:

1°. *Particules initiales*: 夫 foû (Or, Donc), 或 houó (Ou, Soit, Si), 嗚呼 wōu-hōu (Ah! Hélas!), 嗟 tsiē (Ah! Hélas!), 噫 yī (Ah!), 噫嘻 yī-hī (Ah!), 如 joû (Si), 若 jó (Si), 倘 t'àng (Si).

2°. *Particules interrogatives*: Les unes sont initiales: 豈 k'î (Comment?), 安 ngān (Comment? Où?), 焉 yēn (Comment?), 何 hô (Comment? Pourquoi?), 詎 kiú (Comment?). Les autres sont finales: 乎 hoū (?), 耶 yâ *ou* yê (?), 歟 yû (?), 否 feòu (ou non?).

3°. *Particules suspensives*, marquant une pause dans le corps d'une phrase [1]): 也 yè (, —), 夫 foû (, —), 爾 eùl (, —).

4°. *Particules conjonctives*, indiquant un rapport entre deux mots ou membres de phrase: 之 tchē, (De, Qui, Que), 而 eûl (Et, Mais, Cependant), 且 ts'iè (Et, En même temps), 則 tsô (Alors, En conséquence), 故 koú (C'est pourquoi), 特 t'ó (Seulement), 乃 nài (Cependant), 惟 wêi (Seulement), 顧 koú (Mais), 第 tí (Mais), 蓋 kái (Car, En vérité), 夫 foû (Car), 即 tsî (Quoique, Même si), 庶 choú (En vue de), 或 houó (Ou, Soit, Peut-être), 抑 yí (Ou), 並 píng (Et), 暨 kí (Et), 及 kî (Et, Quand, Arrivé à), 至 tché (Quant à), 於 *ou* 于 yû (À *locatif*, Auprès de, Par), 乎 hōu (À *locatif*, De *provenance*), 與 yù (À

---

1) Les particules suspensives ont pour équivalents, en français, une virgule ou un tiret, ainsi employés: „Ils nous harcèlent, inlassablement", ou „Ils nous harcèlent — inlassablement".

datif, Avec), 諸 tchōu (À, *datif*), 至於 tché yû (Quant à), 以 yì (Moyennant, par, avec; Que; Afin de *ou* que; A cause de *ou* que; Considérant que), 緣 yuân (A cause de; En effet), 爲 wéi (Par; A cause de; Pour), 經 kīng (Déjà par), 由 yeôu (Par), 奈 nái (Malheureusement), 所 souò (Ce que, Où, Ce qui), 者 tchò (Ce qui, Ceux qui, La raison pour laquelle), 否 feòu (Sinon), 亦 yí (Aussi), 矧 chèn (A plus forte raison), 況 k'ouáng (A plus forte raison), 爰 yuân (En conséquence, C'est pourquoi).

5° *Particules finales*: 也 yè, 矣 yì, 耳 eùl, 焉 yên, 爾 eùl, 夫 foû, 已 yì, 而 eûl (interjections finales sans signification, équivalant à notre point, en ponctuation), 哉 tsāi (finale exclamative ou impérative: !), 云 yûn (marquant la clôture d'une citation: „et ainsi dit.").

PARTICULARITÉS SYNTAXIQUES DE LA LANGUE ÉCRITE.

Aux règles générales de la syntaxe chinoise, il y a lieu d'ajouter les suivantes qui sont propres à la langue écrite:

RÈGLE 57: — Un mot au génitif peut être suivi de plusieurs substantifs qui, précédés de 之 tchē itératifs, se construisent directement avec ce mot initial. Ex.:

爲富者之奴隸之牛馬而已耳 wêi foú-tchò tchē noù-lí tchē nieôu-mà eûl yì eùl, Ils sont les esclaves, les bœufs ou les chevaux de ceux qui sont riches, et voilà tout! (*et non*: Ils sont les bœufs ou les chevaux des esclaves de ceux qui sont riches, et voilà tout!)

反爲民之蠹之蝗 fàn wêi mîn tchē toú tché houâng, Ils sont, au contraire, les teignes et les sauterelles du peuple.

RÈGLE 58. — Une qualification peut suivre le substantif qualifié sans que le rapport existant entre eux soit exprimé par aucun mot (verbe-préposition ou particule). C'est le cas de nombreuses définitions, données par les dictionnaires chinois. Ex.:

旃、旗曲柄也 tchān, k'í k'iû pìng yè, Le tchān est un drapeau à hampe recourbée, ou *qui a une* hampe recourbée (*et non:* est la hampe recourbée d'un drapeau).

鱖、魚大口細鱗斑彩 koúeï: yû tá k'eòu sí lîn pān ts'àï, Perche: poisson *à* grande bouche, *à* écailles menues *et dont les* taches sont de couleurs variées.

蠡、蟲齧木中也 lì: tch'ông nié moú tchŏng yè, Lì: insecte *qui* ronge l'intérieur du bois.

人心不足、蛇吞象 jên sīn poú tsoû, chô t'ouēn siáng, L'homme dont le cœur n'est *jamais* satisfait est un serpent qui *veut* avaler un éléphant.

RÈGLE 59: — L'expression du lieu dans lequel se produit le fait exprimé par le verbe peut prendre place après celui-ci ou son complément direct sans intervention d'une préposition. Ex.:

置水中 tché chouèï tchŏng, Placer *au* milieu de l'eau.

詳見上月函 siâng kién cháng yúe hân, Le détail se trouve (*litt.:* se voit) *dans ma* lettre du mois dernier.

本舖開設杭垣 pèn p'oú k'āi-chó Hâng yuân, Notre boutique est établie *dans* la ville provinciale de Hâng-tcheōu.

用之運河 yóng tchē Yún-hô, Les employer *sur* le Canal des transports.

勒名碑上 lò mîng pēi cháng, Graver un nom sur une stèle.

貶黃州、築室東坡 pièn Houâng-tcheōu, tchôu ché tōng p'ŏ, Ayant été envoyé en disgrâce *à* Houâng-tcheōu, il y construisit une maison *sur* le versant oriental de la colline.

RÈGLE 60: — Les prépositions prennent très souvent place après le verbe auquel elles se rapportent:

來自京師 lâi tséu kīng-chē, Venir de la capitale.

肇自東漢 tcháo tséu Tōng Hán, Avoir commencé depuis *la dynastie des* Hán orientaux.

購自外國 keóu tséu wáï kouô, Acheter en (de) pays étrangers.

昉由此矣 fâng yeòu ts'eù yì, Il commença par (depuis) cela.

29e Leçon.

后蔽之以衣 heóu pí tchē yì yī, L'impératrice le couvrit de son vêtement.

秦滅于漢 Ts'în mié yû Hán, La dynastie Ts'în fut éteinte par celle des Hán.

甲於天下 kiǎ yû t'iēn hiá, Etre en premier dans le monde.

大於飛機 tá yû fēi kī, Etre plus grand qu'un aéroplane (litt.: Etre grand auprès d'un aéroplane).

不在乎此 poú tsái hōu ts'eù, Ne pas résider en (ou Ne pas consister en) ceci.

售與洋客 chéou yù yâng k'ó, Vendre au visiteur étranger.

告以情形 káo yì ts'îng hîng, Informer de l'état des choses.

1ère Remarque. La position „avant", de la préposition, est parfois usitée aussi. Ex.:

有朋自遠方來 yeòu p'ēng tséu yuàn fāng lâi, Un ami vient d'une région éloignée.

以情形告之 yì ts'îng hîng káo tchē, L'informer de l'état des choses.

2ème Remarque. Le verbe 以 yì, Employer, joue aussi le rôle de la conjonction Que. Ex.:

告以並無其事 káo yì píng woû k'î ché, Dire que le fait n'existe aucunement.

RÈGLE 61 : — La particule 而 eûl, Et, placée entre deux verbes ayant même sujet, marque la simultanéité des deux actions, dont la première indique la façon dont la seconde se produit. Ex.:

竹枝附節而生 tchoû tchē foú tsiê eûl chēng, Les branches du bambou naissent juxtaposées à ses nœuds (litt.: sont juxtaposées à ses nœuds et naissent).

皆係爲此而設 kiāi hī wéi ts'eù eûl chó, Ils ont tous été établis pour ceci (litt.: Ils sont complètement tels qu'ils ont pour objet ceci et sont établis).

不遠千里而來 poú yuán ts'iēn lì eûl lâi, Venir sans considérer mille lì comme une longue distance.

周君生而聾啞 Tcheōu kiūn chēng eûl lông yà, Monsieur Tcheou est né sourd-muet.

Remarque.

La tournure emphatique est aussi d'usage dans le style écrit; c'est ainsi que, dans les exemples suivants, le complément du verbe le précéde. Tel est notamment le cas pour l'impératif.

其各凜遵 k'î kô lìn tsouēn, Cela, que chacun *y* obéisse en tremblant!

爾其慎之 eùl k'î chén tchē, Toi, *pour* cela, fais-y attention.

爾其善竭智慮 eùl k'î chán kiê tché lû, Toi, *pour* cela, épuise de ton mieux ta sagacité et ta sollicitude.

CONCLUSION.

Le style écrit est concis. Il parle aux yeux et supprime les suffixes et auxiliaires divers qui surchargent le langage, tout en étant nécessaires pour l'oreille.

La plupart des mots les plus usuels de la conversation sont remplacés, en écrivant, par des équivalents considérés comme plus littéraires. L'expression graphique de la pensée s'abstient donc presque toujours d'employer les adjuvants les plus utiles du parler pékinois, ou de la langue mandarine en général. Ainsi disparaissent, dans leur acception vulgaire, de la rédaction:

的 tī, 兒 eûl, 子 tseù, 們 mēn, 个 kó, 這个 tchó-kó, 那个 ná-kó, 什麽 chê-mō *ou* 甚麽 chén-mō, 那个 nà-kó, 你 nì, 他 t'ā, 沒有 mêi-yeòu, 着 tchouô *ou* tchâo, 要 yáo, 了 leào *ou* ló, 去 k'iú, 叫 kiáo, 得 tèi, 別 piê (prohibitif), 把 pà, 罷 pá (final), 就 tsieóu, 還 hâi *ou* hân, 狠 *ou* 很 hèn, 這裏 tchó-lì, 那 ná *ou* nà, 那裏 ná (*ou* nà)-lì, 都 toū (adverbe), 多喒 touō-tsân, 也 yè (Aussi), 和 hán, 要是 yáo ché (Si), 麽 mō, 呢 nī, 阿 ā, etc.

Quant aux mots qui sont substitués aux précédents, s'il y a lieu, ils ont une valeur unique pour toute la Chine et rendent le style écrit intelligible partout où l'écriture chinoise est enseignée.

VERSION 27.

Les tirets indiquent des noms propres. Les mots ou expressions inconnus devront être cherchés dans un dictionnaire.

榮啓期。周、不知何許人。遊太山、見而問曰、先生何樂也。曰、吾樂甚多。天生萬物、人爲貴、吾得爲人、一樂也。男女之別、男尊女卑、吾得爲男、二樂也。人生有不見日月、不免穩褓者、吾行年九十矣、三樂也。貧者士之常。死者人之終、居常以待終、何不樂也。

鹿裘帶索、鼓琴而歌。孔子

VERSION 28.

養蠶。爾學生知三四月間、爲養蠶之時乎。蠶自種中出至於結繭、約一月有餘。此一月之中若天氣晴暖、又無風沙之害、則蠶繭必好。若出蠶時陰寒又有風沙、則蠶之受病者多也。

說竹。竹者、植物之一種也、與木類之植物異。其幹直而中空、逐段相間以節。其枝附節而生枝上之葉、經霜雪而不枯者也。竹至春時發筍。筍可以食。筍既長大、即成爲竹。竹之爲用極大。可成一切器物。故種竹亦生利之一也。

APPENDICES.

I.

Différentes écritures chinoises.

L'empereur Foû-hī 伏羲, que les Chinois placent à l'origine de leur histoire, traça les Huit trigrammes ou pā-koúa 八卦, symboles du ciel, de la terre, de l'eau, du feu, des rivières, des montagnes, du tonnerre et du vent, dont il aurait vu l'image, suivant la légende, sur le dos d'un cheval-dragon. A ces huit symboles se rattache la forme antique des mots chinois dont ils étaient l'expression; aussi les considère-t-on comme les premiers rudiments de l'écriture. La tradition rapporte que, pendant longtemps, les hommes notèrent les faits dont ils voulaient conserver le souvenir, ou au moins tenir compte, à l'aide de cordes auxquelles ils faisaient des nœuds. Ce système, auquel avaient recours ceux qui gouvernaient, semble avoir eu les plus grandes analogies avec celui des *quippos* du Pérou et rappelle l'usage des tailles, encore employées chez nous par les boulangers. Des contrats écrits succédèrent, d'après l'histoire chinoise, à ces cordes nouées et Ts'āng Hiê 倉頡, ministre de l'Empereur jaune 黃帝 Houâng-tí (vingt-sept siècles avant l'ère chrétienne), est réputé l'inventeur de l'écriture. Les empreintes laissées sur le sol par les pattes des oiseaux lui en auraient fait concevoir la pensée. Les caractères furent d'abord, comme nous l'avons vu, figuratifs d'un objet ou symboliquement indicatifs d'un fait ou d'une idée. On conçoit que, dans les premiers âges, l'unité de représentation graphique n'ait pas existé. On appelle 古文 koù wên, ou Signes antiques, ces figures ou symboles. Ils étaient encore en usage au temps du philosophe Confucius (le grand sage de la Chine, le „Maître K'òng", K'òng fōu-dzeu 孔夫子, de 551 à 479 avant J.-C.), concurremment avec l'écriture tchouán 篆. Celle-ci, dont le dictionnaire *Chouō wên* 說文 (100 après J.-C.) a consacré la forme dernière, est encore usitée, comme écriture archaïque, sur les sceaux ou cachets, sur des titres d'inscriptions ou de livres, etc. On la désigne, pour cette raison, sous le nom

FORMES PRINCIPALES DE L'ECRITURE CHINOISE.

Sur les deux cachets : **Ecriture Tchouán**   **Ecriture courante (Hîng-chōu)**   **Ecriture classique (Kiài-chōu)**   Ecriture Lí   Ecriture cursive (Ts'ào-chōu).

Appendices.   189

d'*Ecriture sigillaire* et on en trouvera des spécimens sur les deux petits cachets figurant à gauche de la planche ci-annexée, imprimée en blanc sur fond noir [1]).

Les caractères tchouán furent, vers l'an 200 avant notre ère, l'objet d'une revision et de modifications destinées à en faciliter le tracé à l'aide du pinceau de poil, que venait d'inventer ou de perfectionner le général Mông T'iên 蒙恬, envoyé à l'occident de la Chine par l'empereur Ts'în Chè-houâng-tí. Ainsi fut formée l'écriture lí (隸書 lí-chōu) ou *Ecriture des employés* (secrétaires ou scribes administratifs), écriture des bureaux. C'est presque l'écriture moderne, les différences existant entre elles n'affectant, d'une façon générale, que la forme des traits pris en particulier et non l'orthographe, c'est-à-dire l'ordonnance des caractères. Le goût des choses antiques fait que l'écriture lí, malgré une certaine raideur, est souvent employée, de nos jours encore, dans des préfaces, des inscriptions, des titres.

L'écriture actuelle, 楷書 kiài-choū ou k'ài-choū, *Ecriture modèle* ou correcte, classique, n'est donc qu'une variété de l'écriture lí, à laquelle elle s'est substituée depuis la dynastie Tsín 晉 (IVe s. ap. J. C.): ses traits ont plus de souplesse et les déliés et les pleins en sont plus accentués. C'est la forme en usage pour les manuscrits et pour l'impression, celle à laquelle appartiennent les caractères qui figurent dans ces *Leçons*.

On appelle 行書 hîng-chōu, *Ecriture qui marche* (courante), un type un peu abrégé, plus lié et plus rapide de l'écriture moderne. Sur la planche ci-jointe, on en verra un spécimen en petits caractères, occupant l'emplacement le plus à gauche.

Enfin, il existe une manière *cursive* d'écrire les caractères chinois. On en fait remonter l'origine au premier siècle de l'ère chrétienne, sous la dynastie Hán 漢. Elle admet un grand

---

1) Cette planche est analogue aux 法帖 fâ-t'iĕ, ou modèles d'écriture, destinés à être calqués ou imités par les élèves chinois. On distingue deux écritures tchouán: le *grand tchouán* 大篆, dont on fait remonter l'origine à un secrétaire impérial nommé Tcheóu 籀 (800 ans environ avant l'ère chrétienne), et le *petit tchouán* 小篆, créé par Lì Ssēu 李斯, ministre du célèbre conquérant et empereur Ts'în Chè-houâng-tí 秦始皇帝 (221 à 210 av. J.-C.).

nombre de variétés dans le tracé des mots, des liaisons, des substitutions et des suppressions de traits constantes, qui en rendent la lecture souvent très difficile. Il en résulte des caractères dits *herbacés*, 草字 ts'ào-dzéu, où le pinceau, dans son vol rapide, se donne libre carrière, sans se soucier aucunement de maintenir l'égalité de surface occupée par chacun d'eux, exagérant les uns aux dépens des autres, mais décrivant sur le papier des arabesques d'une indéniable élégance. Les trois lignes de droite, sur la planche, donneront une idée de ce procédé graphique.

Tels sont les principaux genres ou types, — en chinois, on dit *corps*, 體 t'ĭ, — de l'écriture chinoise, qui, comme fonction au moins, et dans leur usage actuel, peuvent être mis en parallèle avec nos écritures gothique, bâtarde, anglaise, cursive. Seule, la connaissance du type **kiài-chōu**, moderne, est indispensable pour la lecture des pièces manuscrites d'exécution soignée et des ouvrages imprimés, en dehors des productions de l'archaïsme ou de la fantaisie.

II.

Livres chinois.

La dernière page d'un livre européen est généralement la première d'un chinois. Le papier de celui-ci, étant souvent très mince, n'est imprimé que d'un seul côté; le pli de chaque feuillet se trouve, non perdu dans la reliure, mais tourné vers le lecteur; à califourchon sur ce pli [1]) sont imprimés le titre de l'ouvrage et, au-dessous, les indications relatives à ses divisions, telles que tomes, chapitres ou pages. Chaque page est entourée d'un encadrement, à l'intérieur duquel se succèdent les lignes verticales du texte. Celles-ci sont parfois interrompues, soit à la fin d'un chapitre ou d'une section, les titres particuliers se détachant alors à part dans la partie supérieure d'une colonne séparée,

---

[1]) L'usage du papier européen, beaucoup plus épais, a pris en Chine, pour l'impression des ouvrages, une grande extension et tend à modifier sensiblement l'aspect des livres chinois, que l'on voit fréquemment relier aussi maintenant à la façon des nôtres.

Appendices.

soit parce que certains caractères ne doivent pas être écrits à la suite des autres mais doivent, par respect pour le Ciel, Dieu, telle ou telle divinité, les plus hautes autorités, l'Empereur, ce qui lui appartenait ou ce qu'il faisait, ou encore pour un supérieur ou la personne à laquelle on s'adresse, s'il s'agit de pièces de correspondance épistolaire, être surélevés de trois, deux ou un degrés dans la marge du haut de la page ou élevés au niveau de celle-ci. Un blanc en résulte dans le texte. Ces dispositions graphiques qui ont été, en Chine, d'une grande importance, comme les règles sociales ou protocolaires d'où elles dérivaient, équivalent à peu près à l'emploi de nos lettres majuscules, lorsque nous les faisons intervenir comme marque de respect. L'étudiant trouvera quelques renseignements utiles, à cet égard, dans l'Avant-propos de mon *Recueil de textes chinois*.

Il arrive parfois aussi que la ligne courante s'interrompe pour faire place à une double rangée de caractères plus petits. C'est la disposition habituelle adoptée pour des commentaires que nous mettrions entre parenthèses ou renverrions dans des notes.

Un ouvrage chinois se compose d'un ou de plusieurs cahiers brochés, comparables à nos livraisons, appelés **pèn** 本. Quelques cahiers sont réunis en une enveloppe, le plus souvent recouverte de toile bleue, nommée **t'áo** 套, qui correspond à notre volume.

III.

Chiffres chinois.

Les chiffres chinois, appelés 暗碼 ngán-mà, Chiffres secrets, ou 碼字 mà-dzéu, Caractères chiffres, sont:

丨	丨丨	丨丨丨	✕	䒑	亠	亠	亖	久	十	白	千	万	〇
1	2	3	4	5	6	7	8	9	10	100	1.000	10.000	zéro.

Ils s'écrivent de gauche à droite, l'ordre des unités étant indiqué au-dessous de celles-ci, lorsque le nombre contient plusieurs chiffres. On forme ainsi une sorte de monogrammes, tels que:

$\left.\begin{matrix}丨 & 久 \\ 千 & 白\end{matrix}\right\}$ 1900. $\left.\begin{matrix}丨 & 亖 & ✕✕ \\ 千 & &\end{matrix}\right\}$ 1844. $\left.\begin{matrix}亠 & 丨丨 & 〇〇 & 䒑 \\ 万 & & &\end{matrix}\right\}$ 62.005.

$\left.\begin{matrix}丨丨丨 & 亠 \\ 千 &\end{matrix}\right\}$ 3700. $\left.\begin{matrix}✕ & 亖 \\ 十 &\end{matrix}\right\}$ 48.

Le zéro ○ n'est jamais final. Dans les nombres ne contenant qu'un seul chiffre, l'indication des dizaines, ou centaines, etc., s'écrit à la droite de ce chiffre. Ex.:

川十 30,   ㄨ百 400,   ‖千 2000,   ㄗ万 70.000.

Pour éviter la confusion des traits des trois chiffres 1, 2 et 3, lorsqu'ils doivent se suivre, on les fait alterner verticalement et horizontalement. Ex.:

|=} 12, |=川} 123,   川=ㄗ○‖} 32.702, |—|=川} 11.123.

Les indications de livres (cattis, de 604 grammes), d'onces, de taëls ou de leurs sous-multiples s'inscrivent de la même façon que celles des dizaines, centaines, etc. Ex.:

ㄨ刄 pour 4 onces ou taëls (四兩);

४ネ ou ४ㄔ pour 5 maces (五錢);

|=川≡} = 一斤二兩三錢八分
斤刄ㄔ外   1 catti, 2 onces, 3 maces, 8 candarins.

— Pour éviter, dans les documents, des contrefaçons possibles, les Chinois substituent parfois aux noms de nombres habituels des caractères plus compliqués, dits de *grande écriture* 大寫 tá siè, ayant même prononciation. Ce sont:

壹 *ou* 弌 pour 一 1;   柒 pour 七 7;
貳 *ou* 弍 pour 二 2;   捌 pour 八 8;
叁 pour 三 3;   玖 pour 九 9;
肆 pour 四 4;   拾 pour 十 10;
伍 pour 五 5;   伯 pour 百 100;
陸 pour 六 6;   仟 pour 千 1000.

念 nién tient lieu de 卄 ou 廿, équivalent de 二十 20.

D'autre part, 卅 sā *ou* sān s'emploie pour 三十 30, notamment pour l'indication des dates, comme 世 ché, ou 引 yīn, pour 31.

FIN.

OUVRAGES DE M. A. VISSIÈRE
Professeur de Chinois
à l'École nationale des Langues Orientales vivantes

EN VENTE A LA LIBRAIRIE ERNEST LEROUX

RUE BONAPARTE, 28, A PARIS

Premières leçons de chinois (Langue mandarine de Pékin). Accompagnées de Thèmes et de Versions et suivies d'un exposé sommaire de la Langue écrite. Troisième édition, 1928, un vol. in-8°, pl. . . . . **65 fr.**

Recueil de textes chinois, à l'usage des élèves de l'École spéciale des Langues Orientales vivantes.

— Suppléments I, II, et III (contenant des documents de l'ère Républicaine) . . . . 5.5 et **10 fr.**

L'Odyssée [...] dis poétiques s[...] e, père de l'emp[...] t notes. 1900, in[...] **3 fr.**

Etudes sin[...] . in-8°, fig. . . . **6 fr.**

— Deuxièn[...] ORDIER, de M. C[...] in 8°, pl. fig. . [...] fr.

Le gouvern[...] ntation diploma[...] **3 fr.**

Pékin, le [...] fr. 25

Recherches[...] vation des anc[...] **2 fr.**

Ngan-nan [...] lettré P'an T[...] aphie historiq

Un sceau [...] siècle avant l'[...] Orientales, V[...]

Un quatra[...] **1 fr.**

Nouveaux [...] 1907, in-8°, c[...] fr. **50**

Nouvelles [...] fr. 50

La marine [...] fr. 50

Rudiments[...] grammaire, [...] fr. 50

Librairie et Imprimerie ci-devant E. J. BRILL, Leide (Hollande).

Bruin, A. G. de, Introduction to modern Chinese. 8°. 3 Vol. . . Fl. 14.—.

Ching-Shan. — Diary, being a Chinese account of the boxer troubles. Published and translated by J. J. L. DUYVENDAK. 1925. 8°. . . . . „ 7.50.

Fêng-Shên-Yên-I. — Die Metamorphosen der Goetter. Historisch-mythologischer Roman aus dem Chinesischen. Uebersetzung der Kapittel 1 bis 46, von WILHELM GRUBE, durch eine Inhaltsangabe der Kap. 47 bis 100 ergänzt, eingeleitet und herausgegeben von HERBERT MUELLER. Band I 1er und 2er Halbband. 1912. gr. in-4°. „ 17.50.

Harlez, C. de, Vocabulaire Bouddhique Sanscrit-chinois 漢梵集要 Han-Fan Tsih-yao. Précis de doctrine bouddhique. 8°. . . . . . „ 1.75.

Hirth, Fr., Scraps from a collector's note book, being notes on some chinese painters of the present Dynasty with appendices on some old masters and art historians. 1905. (IV. 135. With 21 pl.) 8°. „ 6.—.

Hoffmann, J. J., Japanische Sprachlehre. 1877. gr. 8°. . . . . . „ 11.—.
                                                                     Leinwand „ 12.—.

— A Japanese grammar. 2d edit. 1876. gr. 8°. *cloth*. . . . . „ 12.—.

— Japanische Studien. Erster Nachtrag zur Japanischen Sprachlehre. 1878. gr. 8°. . . . . „ 2.40.

賣油郎獨占花魁 Mai Yu laug toú tchen hoa koueï. — Le vendeur d'huile qui seul possède la reine-de-beauté, ou splendeurs et misères des courtisanes Chinoises. Roman Chinois. Trad. sur le texte original par G. SCHLEGEL. 8°. „ 6.—.

Schlegel, G., Problèmes géographiques. Les peuples étrangers chez les historiens Chinois. 1—20. . . . . „ 9.50.

Schlegel, G., La loi du Parallélisme en Style chinois, démontrée par la préface du Si-Yu-Ki (西域記). La traduction de cette préface par feu Stanislas Julien défendue contre la nouvelle traduction du Père A. Gueluy. 8°. „ 6.—.

通報 **T'OUNG PAO,** Archives pour servir à l'Etude de l'Histoire, des Langues, de la Géographie et de l'Ethnographie de l'Asie Orientale (Chine, Japon, Corée, Indo-Chine, Asie centrale et Malaisie). Rédigées par MM. GUST. SCHLEGEL, H. CORDIER, ED. CHAVANNES et PAUL PELLIOT. **1e Série.** Vol. I—X; **2me Série.**
Vol. I—XIII . . . . *L'année* „ 12.—.
2e Série, Vol. XIV—XVII . . . . „ „ 14.—.
   „   Vol. XVIII—XXV . . . . „ „ 16.—.

Vissering, W., On Chinese currency. Coin and paper money. gr. 8°. *cloth*. „ 9.—

"早期北京话珍本典籍校释与研究"
丛书总目录

早期北京话珍稀文献集成

（一）日本北京话教科书汇编

《燕京妇语》等八种　　　　　　四声联珠
华语跬步　　　　　　　　　　　官话指南·改订官话指南
亚细亚言语集　　　　　　　　　京华事略·北京纪闻
北京风土编·北京事情·北京风俗问答
伊苏普喻言·今古奇观·搜奇新编

（二）朝鲜日据时期汉语会话书汇编

改正增补汉语独学　　　　　　　修正独习汉语指南
高等官话华语精选　　　　　　　官话华语教范
速修汉语自通　　　　　　　　　无先生速修中国语自通
速修汉语大成　　　　　　　　　官话标准：短期速修中国语自通
中语大全　　　　　　　　　　　"内鲜满"最速成中国语自通

（三）西人北京话教科书汇编

寻津录　　　　　　　　　　　　北京话语音读本
语言自迩集　　　　　　　　　　语言自迩集（第二版）
官话类编　　　　　　　　　　　言语声片
华语入门　　　　　　　　　　　华英文义津逮
汉语口语初级读本·北京儿歌　　　汉英北京官话词汇
北京官话初阶

（四）清代满汉合璧文献萃编

清文启蒙　　　　　　　　　清话问答四十条
一百条·清语易言　　　　　　清文指要
续编兼汉清文指要　　　　　　庸言知旨
满汉成语对待　　　　　　　　清文接字·字法举一歌
重刻清文虚字指南编

（五）清代官话正音文献

正音撮要　　　　　　　　　　正音咀华

（六）十全福

（七）清末民初京味儿小说书系

新鲜滋味　　　　　　　　　　过新年
小额　　　　　　　　　　　　北京
春阿氏　　　　　　　　　　　花鞋成老
评讲聊斋　　　　　　　　　　讲演聊斋

（八）清末民初京味儿时评书系

益世余谭——民国初年北京生活百态
益世余墨——民国初年北京生活百态

早期北京话研究书系
早期北京话语法研究
早期北京话语法演变专题研究
早期北京话语气词研究
晚清民国时期南北官话语法差异研究
基于清后期至民国初期北京话文献语料的个案研究
高本汉《北京话语音读本》整理与研究
北京话语音演变研究
文化语言学视域下的北京地名研究
语言自迩集——19世纪中期的北京话（第二版）
清末民初北京话语词汇释